日英対訳

日本人がグローバルビジネスで成功するためのヒント

ジョン・ギレスピー=著　小野寺 粛=訳

Tips for How to Succeed in a
Global Business Context

装幀　斉藤 啓（ブッダプロダクション）
本文レイアウト・DTP　コン トヨコ

もくじ • Table of Contents

はじめに ... 6

Introduction ... 7

Chapter 1   グローバルな環境で求められる
コミュニケーション能力とは？　　　15

1. ことばよりも大事なこと ... 16
   Getting Over English ... 17

2. コミュニケーション再考 ... 26
   Re-thinking Communication ... 27

3. グローバルなコミュニケーション・スキル ... 36
   Global Communication Skills ... 37

Chapter 2   日本人と欧米人との価値観の違い　　　47

4. よい第一印象を与える ... 48
   Making a Good First Impression ... 49

5. 欧米人の価値観を理解する：個人主義とは？ . . . 58

   Understanding Western Values:
   Individualism . . . 59

6. 欧米人の価値観を理解する：平等とは？ . . . 70

   Understanding Western Values:
   Equality . . . 71

7. 欧米人のビジネス心理を理解する . . . 82

   Understanding Western Business
   Mentality . . . 83

| Chapter 3 | 部下のコーチングができなければ、ぜったい昇進できない | 91 |

8. 物事を成し遂げる . . . 92

   Getting Things Done . . . 93

9. マネジメントを改善する . . . 100

   Managing Better . . . 101

10. フィードバックを与える . . . 110

    Giving Feedback . . . 111

Chapter 4 会議やプレゼンで評価される シンプルな方法　125

11. 会議で発言する ... 126
    Speaking Up During Meetings ... 127

12. 説得力のあるプレゼンをする ... 136
    Making a Persuasive Presentation ... 137

Chapter 5 グローバルに行動する　151

13. グローバルな基準を設定する ... 152
    Setting Global Standards ... 153

14. グローバル・コミュニティに加わる ... 166
    Joining the Global Community ... 167

はじめに

　こ20年間で、私は5,000人を超えるビジネスパーソンと面談をした。そのうち約3,000人が海外の日系企業での現地採用スタッフで、約2,000人が日本人駐在員。そこで学んだことは計り知れない。

　この面談を通じて私が学んだことを、これから説明していきたい。そのなかには、みなさんがとっくにご存じのこともあるだろうが、きっと驚くこともあるはずだ。

　面談の時点で日系企業にまる二年勤めていた、あるアメリカ人女性の話から始めよう。

「これまでの経験で一番意外だったことは」 と私は聞いた。

「この2年間、日本人が何かにつけて自分の意見を言うのを、ただの1人も聞いたことがないの」 と彼女は答えた。

　その2年間で、彼女は意外なことをたくさん経験したはずだ。しかし彼女の中では、これが一番意外なことだったのだ。

　彼女だけではなく、他の人が同じことを言うのを、私は耳にしてきた。中国人も、インドネシア人も、ヨーロッパ人も、**日本人**

Introduction

Over the past couple of decades, I have interviewed over 5,000 businesspeople. About 3,000 of those were local hires at Japanese companies overseas, and about 2,000 were Japanese expatriates. Let me tell you: I've learned a lot!

I want to share with you what I've learned from those interviews. Some things you may already know. Some things may surprise you.

Let me start with a story about an American woman. When I interviewed her, she had been working for a Japanese company for two years.

I asked her: "**What is the strangest thing you have experienced?**"

She replied: "**In two years, I have never heard a single Japanese say what he thinks about anything.**"

In those two years she must have experienced many strange things! However, in her mind, this was the strangest thing.

She is not alone. I have heard other people make similar observations. I've heard this from Chinese, Indonesians,

はいつまでたっても発言しないし、何かを言ったとしても、とっくに社内で意見が一致したコンセンサスを口にするだけで、その人ならではの意見を言うことはまずない、と口をそろえて言うのだ。

　もちろん、例外はあるが、めったにないから、例外に出会ったら、まず忘れることはないほどだ。

　日本企業では、個人の意見は重要ではないが、海外ではそうではない。大部分の国では、一人ひとりが意見を述べることが期待されているし、そうした意見は重要なもので、企業の命運を左右するものとさえ考えられている。アメリカではとりわけそういう文化がある。アメリカの企業では上司がよく部下に「どう思うか」と聞くが、そういった時は、思う存分率直に答えることが期待されている。

　日本人はたいてい、「どう思うか」と質問されるとたじろいでしまう。日本人が自分の意見を言うことを望まないのは、上司の考えと違うことを言いたくないからだ。日本人は、同僚と違う意見を述べることを避けて**コンセンサスに一体化したいと望んでいる**ため、周囲を見て、空気を読もうとする。これは、アメリカ人のやりかたとはまったく異なる。

　日本人が外国の企業や勤めている会社の海外支社での会議で発言をしなければ、ビジネスチャンスを失うかもしれない。自分の

Europeans. **All are in agreement: The Japanese are the last to speak up and, when they do, they express a consensus that has been reached within the company, almost never their own independent point of view.**

Of course, there are exceptions. But they are so few that you can almost remember them all.

An individual's ideas may not be important in a Japanese company. However, this is not the case outside Japan. In most countries, an individual's ideas are expected and regarded as important, even critical. This is especially true in the U.S. In an American company, the boss will often ask his or her subordinates, "What do you think?" And the subordinates are expected to answer fully and honestly.

Most Japanese are hesitant to answer that question. They don't want to express their opinions. They don't want to say something different from what the boss thinks. They don't want to say something different from their colleagues. **They want to be part of the consensus.** So they look around and try to read the mood. This is quite different from how an American would act.

When Japanese don't speak up at meetings in foreign companies or in their own overseas subsidiaries, they can

知見や考え方を相手に伝えるチャンスを放棄しているからだ。それだけではなく、**発言するのが当たり前の文化からきた人々が日本人の沈黙に直面すると、「日本人は秘密主義なのか。何かを隠しているのではないか」と考えることもある**。

　この考え方の違いが、本当に大きな問題に発展することもある。

　当然ながら、日本人は日本人というグループに属している。しかし残念ながら、大半の日本人は、グローバルなグループという別のグループに加わる必要があることに気づいていない。私は、本当にインターナショナルな日本人に会ったことがあるが、彼らはごく少数派だ。ほとんどの日本人は、グローバル市民になるのがどういう意味かわかっていない。たぶん、日本国内ではそれでかまわないのだろうが、いったん日本人が日本を離れると、それではうまくいかない。日本を出て成功するには、違うアプローチが必要なのだ。

　日本人の足かせになっているのは、快適因子とでも言うべきものだ。日本国内では、日本人は快適に過ごしている。しかし海外では、日本的な仕事環境を維持できないかぎり、どうも快適には過ごせなくなってしまう。

　長年にわたり、私は数千人の日本人とともに働いてきた。日本人が本当にいい人たちであることは知っているし、海外でも成功したいと切実に願っていることもわかる。その姿勢は大いに結構

hurt their chances for business success. They give up the chance to share their knowledge, their perspective. But that's not all. **When people from other cultures—where speaking up is normal—encounter this Japanese silence, they might think: "Are the Japanese being secretive? Are they hiding something from us?"**

This can be a real problem.

The Japanese have their group, of course. Unfortunately, most don't realize that there is another group that they need to join: the global group. I have met some truly international Japanese. They are, however, a tiny minority. Most Japanese don't understand what it means to be a global citizen. Perhaps this is fine in Japan. But it does not work well when Japanese leave Japan. To be successful outside Japan, a different approach is needed.

What is holding Japanese back is their comfort factor. In Japan they're comfortable. Overseas, apparently, they aren't, unless they can maintain a Japanese kind of work environment.

I've worked with thousands of Japanese over the years. I know that they are really good people. I know that they really want to do well outside Japan. The attitude is good.

だが、**成功したいと願うことと、成功する方法を知っていることとは別だ**。次の章では、日本人が海外で成功する方法を知るためのサポートをしようと思う。

　本書では、日本人以外の人々、特に西洋人の、コミュニケーションやビジネスに対する見方を説明していく。西洋人が期待するものや、彼らの期待にこたえる方法を説明していきたい。グローバルなビジネス環境で成功するためのヒントをお伝えしたいと思っている。それは、今すぐ使いはじめることができる、簡単で実用的なステップである。日本人がこのヒントを応用できれば、快適に感じるようになるだろう。快適に感じるようになれば、海外での成功への道を、たしかに進むことができるだろう。

However, **wanting to be good and knowing how to be good are different**. I want to help Japanese with the second part. I want to help them know how to do well overseas.

In this book, I will explain how others, particularly Westerners, view communication and business. I will explain their expectations and how to meet those expectations. I will share tips for how to succeed in a global business context. These will be easy, practical steps that you can start using immediately. If Japanese can make use of these tips, they can begin to feel comfortable. And if they can begin to feel comfortable, they can really begin to succeed overseas.

Chapter 1

グローバルな環境で求められる
コミュニケーション能力とは？

1 ことばよりも大事なこと

　これまで私は、海外での経験について数千人の日本人と議論をしてきた。とりわけ日本人が不安に思うのは英語力である。**日本人の多くは、英語がもっと上達さえすれば、問題はすべて解決すると信じているが、これはまったくのうそだ。**

　ニューヨーク市で働く日本人のゼネラルマネージャーについて話をしたい。彼がこの役職に就いたことには驚いた。まったく英語が話せなかったからだ。ただの一言も、である。しかし、直属の部下にあたるアメリカ人5名にインタビューをしてみたところ、5人とも、「とてもよい上司だ」と答えた。それも、いままでの中でベストの上司だ、と口をそろえて言うのである。

　私は言った。「どうして？ 英語もろくに話せないのに！」

　すると、彼らはこう答えた。「**彼は私たちを助けてくれている。問題が起きたら、助け舟を出すし、聞きたいことがあれば、いつも耳を傾けてくれる。おかげで、私たちは目標を把握できているし、あらゆることがとてもクリアになっている。フィードバックもあるし、すばらしい上司だと思う**」
　つまり、彼は上司がやるべきことをすべてこなしていたのだ。

Getting Over English

I've spoken with thousands of Japanese about their experiences overseas. One factor above all else really concerns them: English. **Many Japanese believe that, if they could only speak English better, all their problems would disappear. But this simply isn't true.**

Let me tell you a story about a Japanese general manager working in New York City. I was surprised that he had this position. He couldn't speak English well at all. He could hardly speak a word! I interviewed the five Americans who reported to him. All five said that he was a really good manager. In fact, they agreed that he was the best manager they had ever had.

I said: "How can that be? The guy can barely speak English!"

But they said: "**He helps us. He helps us when we have problems. He's always open when we have questions. We know what our objectives are. Everything is very clear. He gives feedback. He's great to work for.**"

In other words, he did everything he should be doing

日本のビジネスパーソンにぜひ知っていただきたい、すばらしい事例だと思う。なぜなら、英語が完ぺきである必要などないことを教えてくれるからだ。完ぺきはおろか、まあまあ上手というレベルである必要すらない。英語ができなくても、いい上司になれることはまちがいない。

　駐在の日本人には、英語力を心配する必要はない代わりに、コミュニケーションに注意を払うようにアドバイスしたい。発言をすること、本音を口にすることに意識を集中し、自分の仕事をすること、よい上司であることにエネルギーを費やすべきだ。**自分の仕事とは、目標をクリアにする、成果をモニタリングする、フィードバックを与えて受け取る、部下のモチベーションを高める、といったことだ**。こういったスキルや職務は、単に英語を上手に話せることよりはるかに重要である。

　自分の英語力を恥ずかしく思うのは、もう終わりにしよう。**英語が下手ですみません、などと謝る必要はない**。相手が何を言っているのかがわからなければ、ためらわずにその旨を伝えてみよう。

　単語の意味がわからないときは、質問をすることだ。相手の話をさえぎってもかまわない。たとえば、こう言ってみよう。「ジョン、悪いけど、その言葉はなんだっけ」あるいは、「flummox（まごつかせる）の意味を知らない」、「申し訳ないけど、よくわからない」と言ってもよい。

　わかったふりをしてはいけない。馬鹿に見えるのではないか、失礼ではないかと心配するのもやめよう。わからなければ、聞け

as their manager. I love that example and I love to share it with Japanese business people. It shows them that their English doesn't have to be perfect. It doesn't even need to be very good! You can still be a good manager. You can *definitely* still be a good manager.

So my advice to Japanese expatriates is this: Don't worry about your English ability. Instead, focus on communication. Focus on speaking up, on saying what you really think. Focus on doing your job, being a good manager. **That means clarifying objectives, monitoring performance, giving and receiving feedback, motivating.** Those skills and responsibilities are far more important than merely speaking better English.

Don't be ashamed of your English ability. **Don't apologize for it.** And don't be afraid to let people know when you don't understand.

If you don't know the meaning of a word, ask. It is okay to interrupt. Say, for example: "John, sorry, what was that word?" Or: "I don't know what 'flummox' means." Or, "Excuse me, I didn't understand."

Don't just pretend that you understand. Don't worry about looking silly or being rude. Just ask! I know Japanese

ばいいだけのことだ。日本人が相手の話をさえぎらないのは、失礼に当たらないようにしたいだけ、ということは、私も十分承知している。しかし、それなりの理由があるとき、たとえば、話を理解ができていないときには、話をさえぎってもかまわない。分かっているふりをする方が逆に失礼だ。話を理解していなかったことをあとで他人に見抜かれれば、そのときこそ本当に、醜態をさらすことになる。

日本人以外の人たちとコミュニケーションをとるときは、日本人はもう少し大胆になる必要がある。このほうが、英語力よりも重要である。

大胆になるには、練習が必要だ。例えば、三カ月ごとに、同僚と飲み食いにいって、仕事以外の話もしてみよう。野球や休暇の旅行、音楽、あるいは食べ物について話して、同僚のことを人間としてわかりあえるようにしたい。

現地採用の仲間と飲みに行くという最初の一歩を踏みだせないシャイな日本人が、あの手この手の言い訳をするのを、私は耳にしてきた。彼らはよく、「何を言ったらいいかわからない」「小話が苦手」「アメリカ人のユーモアがわからない」などと言う。

こういった言い訳には、私はこう答えている。「そんなことはどうでもいい！ くだらない！ 忘れなさい！」

仲間と何度か飲みに行けば、日本人もたいていは、そういった

are simply trying to be polite, by not interrupting. But it's okay to interrupt in an appropriate situation—as, for example, when you don't understand. By contrast, it's rude to pretend to understand. If someone finds out later that you didn't understand, you are really going to look silly.

Japanese just need to be a little bolder in their interpersonal communications with non-Japanese. This is more important than English ability.

It takes practice to become bolder. For example, once a quarter, go out with colleagues to enjoy food and drink. Talk not only about business but also about other topics. Talk about baseball, about vacation travel, about music, about food. Get to know your colleagues as people.

I've heard so many excuses from Japanese who are too shy to initiate such outings with their locally hired colleagues. They say, among other things, "I don't know what to say" or "I'm no good at small talk" or "I don't know American humor."

To these excuses I reply: Not relevant! Not relevant! Not relevant!

Once they go out with colleagues a few times, most

飲み会を楽しいと感じはじめる。なぜお前にわかるのか、と思うかもしれないが、それは、当の日本人からそう聞いているのだ。仲間のことがだんだんわかってきた、と思えるからだろう。お互いの共通点もわかるし、仕事をスムーズに進められるような人間関係ができてくるのもわかる。回を重ねるごとに、英語のハードルも少しずつ下がってくるのがわかるだろう。

Japanese really start to enjoy it. I know this because that's what they tell me. They realize they can get to know their colleagues. They find things in common. They realize they can form the kinds of relationships that make work go smoother. They find that English gets a little easier each time.

グローバルビジネス・Tips #1

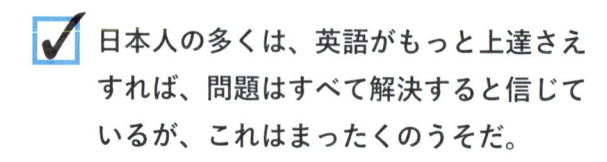

- ☑ 日本人の多くは、英語がもっと上達さえすれば、問題はすべて解決すると信じているが、これはまったくのうそだ。

- ☑ 発言をすること、本音を口にすることに意識を集中し、自分の仕事をすること、よい上司であることにエネルギーを費やすべき。

- ☑ 自分の仕事とは、目標をクリアにする、成果をモニタリングする、フィードバックを与えて受け取る、部下のモチベーションを高める、といったこと。

- [x] 英語が下手ですみません、などと謝る必要はない。

- [x] 単語の意味がわからないときは、質問をすること。
    → 相手の話をさえぎってもかまわない。

- [x] 日本人以外の人たちとコミュニケーションをとるときは、日本人はもう少し大胆になる必要がある。

- [x] 仲間と何度か飲みに行けば、お互いの共通点もわかるし、仕事をスムーズに進められるような人間関係ができてくる。

2 コミュニケーション再考

欧米において、理想的な従業員とは、どのような性質を持った人なのだろうか。**理想的な従業員とは、高学歴で、人間関係が良好で、コミュニケーションが上手な人物だ。**上司は、彼らが与えられた仕事をやること、それもうまくやることを期待している。

この性質は、世界中でだいたい共通だが、注目したい点がひとつある。それは、「コミュニケーションが上手」という項目だ。**欧米では、コミュニケーションが上手な人であることは、とても重要なビジネススキルである。**

コミュニケーションが上手とは、いったいどういうことだろう。それは、自分の期待することやアイディア、意見を伝えるのが上手であるということである。つまり、**会議やメモ、プレゼンで、意見を上手に伝えることや、自分が望んでいることを部下にうまく伝えること、さらには、定期的にフィードバックを行い、上司に適切な報告を行う**といったこともあげられる。基本的には、欧米的な意味でのコミュニケーションとは、発言することだ。前にも言ったが、発言することがとても重要である。

さまざまな文化の人たちが一緒に働く場では、コミュニケーションはさらに重要である。**周囲が自分の言いたいことをいつも**

Re-thinking Communication

What are the qualities of the ideal employee in the West? **The ideal employee is well educated, gets along with other people, and communicates well.** Their supervisor expects them to do the work that they have been asked to do and expects them to do it well.

Those qualities are pretty common around the world. However, there is one that stands out: the ability to communicate well. **In the West, being a "good communicator" is a very important business skill.**

What does it mean to be a good communicator? It means you are good at communicating your expectations, ideas and opinions. **You are good at doing this in meetings, memos, and presentations. You are good at communicating your wishes to your subordinates. You give them regular feedback. You are good at reporting to your superiors.** Basically, communication in the Western sense means speaking up. And, as mentioned earlier, speaking up is very important.

When people from different cultures are working together, communication becomes even more important.

わかってくれるとは期待できないし、**自分の考えがクリアに伝わるとも期待できない。**

　私たちは、自分の常識が世界中で通用するものと考えがちだ。しかし、それはまちがっている。**常識は、それぞれの文化に特有のものだということを、日本人は学ぶ必要がある。**自分たちの常識は、アメリカ人や、シンガポール人、中国人にとっては、常識ではないかもしれない。みなそれぞれ、異なる存在なのだ。

　コミュニケーションについても、同じことがいえる。**コミュニケーションのスタイルは、世界中で同じというわけではなく、それぞれの文化に、それぞれのコミュニケーションのやりかたがある。**

　私がよくあげる例を紹介しよう。日本人は、意見を述べるときに「we（私たちは）」と言うことが多いが、欧米では、意見を述べるときに「I（私）」と言う。どちらがより優れているということではなく、両者が異なっているというだけだ。しかし、こういった違いが、トラブルの種になることもある。

　日本人には、「I（私）」を少し多めに使うように勧めている。あなたの考えがほかと違っていてもかまわない。「私」というのが日本人にとっては難しいことはわかる。一方で、アメリカ人にとって「We（私たち）」というのは難しいことだが、アメリカ人に対してはいつも、日系企業で働くときには「We」を少し多めに使って見よう、と言うようにしている。日本人とアメリカ人の双方が歩みよる必要がある。

You can't just assume that people will always grasp your meaning. You can't assume that your feelings will be clear.

People tend to think that common sense is universal. But it isn't. **Common sense is unique to each culture. This is something that the Japanese need to learn.** They need to learn that their common sense may not be American common sense or Singaporean common sense or Chinese common sense. They're all different.

Communication is like that, too. **Communication styles are not the same around the world. Each culture has its own way of communicating.**

Here's an example I often point out: Japanese tend to use "we" when they talk about opinion. In the West we say "I" when we talk about an opinion. Neither way is better than the other. They're just different. But these differences can create problems.

To Japanese, I recommend saying "I" a little more frequently. It is okay if your idea is different. It's tough for Japanese to do this, I know. It is tough for Americans to say "we." I always encourage Americans to try using "we" a little more often when working with Japanese companies. We—Japanese and Americans—need to meet in the middle.

重要なのは、グローバルな方法でコミュニケーションを取ることである。ここでの「グローバル」とは、多くの異なる文化の人々に理解してもらえる、ということを意味する。そのためには、コミュニケーションの方法を多少なりとも調整しなければならない。

　「スタイルを切り替え」られることを目標にするといい。つまり、母国語でのコミュニケーションのスタイルと、グローバルなコミュニケーションのスタイルを切り替える、ということだ。これにより、グローバルなビジネスの世界で成功するチャンスが増えるだろう。今日の世界における日本人のビジネスパーソンとして、グローバルなコミュニケーション・スキルはとても重要である。おそらく、日本以外でビジネスをして成功したいならば、身につけるべきもっとも重要なスキルだろう。

　スタイルの切り替えを自分のものにするには、時間がかかる。私の同僚に、アメリカに住んで10年以上になる日本人女性がいる。彼女はアメリカの流儀にうまくなじんだ人で、自分の考えをしっかり持っているし、思ったことを口にして、会話にも積極的に参加している。彼女にこう聞いてみた。「なじむのに、どのくらい時間がかかりましたか」

　彼女は、5年間かかったと答えた。スタイルの切り替えとは一つのプロセスである、ということを理解しなければならない。上手にスタイルを切り替えられるようになるには、一朝一夕では無理で、実際にはかなりの時間がかかる。プロセスに身を投じて、じっと耐えなければいけない。

It is important to learn to communicate in a global way. By global, I mean in a way that can be understood by people of many different cultures. That means some adjustments in how we communicate become necessary.

Your goal should be to be able to "style-switch," which means to switch between your native communication style and the global communication style. This will improve your chances for success in the global business world. As a Japanese businessperson in today's world, global communication skills are very important. They are perhaps the most important skills you can learn, if you want to succeed at doing business outside Japan.

Learning to style-switch takes time. I have a colleague, a Japanese woman who has lived in the U.S. for over ten years. She has really adjusted well. She has opinions. She speaks her mind. She is active in conversations. I asked her: "How long did it take you to adjust?"

She told me it took her five years! So understand that this is a process. It takes considerable practice become skillful. It won't happen overnight. You have to be committed to the process and you have to be patient.

グローバルビジネス・Tips # 2-1

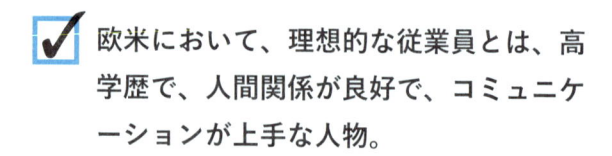

☑ 欧米において、理想的な従業員とは、高学歴で、人間関係が良好で、コミュニケーションが上手な人物。

☑ 欧米では、コミュニケーションが上手な人であることは、とても重要なビジネススキルである。

☑ 上手なコミュニケーションとは、自分の期待することやアイディア、意見を伝えるのが上手であるということ。

➡ 会議、メモ、プレゼンで、意見を上手に伝える。
➡ 自分が望んでいることを部下にうまく伝える。
➡ 定期的にフィードバックを行い、上司に適切な報告を行う。

☑ 周囲が自分の言いたいことをいつもわかってくれるとは期待できないし、自分の考えがクリアに伝わるとも期待できない。

☑ 常識は、それぞれの文化に特有のものだということを、日本人は学ぶ必要がある。

☑ コミュニケーションのスタイルは、世界中で同じというわけではなく、それぞれの文化に、それぞれのコミュニケーションのやりかたがある。

グローバルビジネス・Tips # 2-2

☑ 「スタイルを切り替える」ことを目標にする。

→ 母国語でのコミュニケーションのスタイルと、グローバルなコミュニケーションのスタイルを切り替える。

☑ 上手にスタイルを切り替えられるようになるには、一朝一夕では無理で、実際にはかなりの時間がかかる。プロセスに身を投じて、じっと耐えなければいけない。

3 グローバルな コミュニケーション・スキル

「グローバルなコミュニケーション・スキルは大切だ」と言うのは簡単だが、グローバルなコミュニケーション・スキルとは、いったい何だろう。どうやって、グローバルなやり方でコミュニケーションを行うのだろうか。

例をあげよう。まずは簡単な、「グッド・モーニング」というあいさつだ。

日本人は、オフィスに入ったら「おはようございます」と言うが、オフィス全体か、あるいは少なくとも声の届く範囲の人に向かって、一回あいさつする。つまり、「おはようございます」というあいさつを、特に誰に向かって言うわけでもない。しかしたいていは、あいさつに答えて「おはようございます」と言う人が何人かいる。

しかし、アメリカやヨーロッパの国で同じことをやったら、まずまちがいなく誰も答えない。ヨーロッパ人もアメリカ人も当然「グッド・モーニング」と言うのに、なぜだろう。

実際のところ、欧米人はたしかに「グッド・モーニング」と言うが、日本人とは言いかたが違う。

欧米の文化では、特定の人に対して話しかけることが大切である。ほかの人に話をするときには、集団としてではなく、個人として話しかけることが重要だ。この種の一対一のコミュニケー

Global Communication Skills

It is easy to say, "global communication skills are important," right? But what are global communication skills? How do you communicate in a global way?

Let's look at an example. Here's an easy one: saying "good morning."

In Japan, you enter your office and say "good morning." You say it once, to the whole office or, at least, to those within earshot. Which is to say, you say "good morning" to no one in particular. Most likely, some people will call out "good morning" to you in reply.

However, if you do this in American or a European country, most likely no one will reply. Why is that? Surely, Europeans and Americans say "good morning," right?

Indeed, they do say "good morning." They just say it in a different way.

In Western culture, it is important to speak to a particular person. It is important to speak to people as individuals, rather than as a group. This kind of one-on-one

ションが、欧米人の根底にある。

　オフィスの全体に向かって「グッド・モーニング」と言っても、欧米人の視点からいうと、誰に向かって話をしているのかがわからない。だから、おそらく誰も返事をしない。欧米では、自分に直接話しかけていることがはっきりした場合だけ、返事をする。ここで、「直接」という言葉がポイントである。

　オフィス全体に向けて一度に「グッド・モーニング」と言うのではなく、**出会ったすべての人に、直接「グッド・モーニング」と言ってみよう**。エレベーターの中でも、廊下でも、デスクの近くにいる人たちにもあいさつし、「グッド・モーニング」と言ってから、その人の名前を付け加えてみよう。たとえば、「グッド・モーニング、ジョン」と言って、アイコンタクトをしてみる。

　するとお返しに、みんながあなたに「グッド・モーニング」と言い、あなたに向かってほほえんでくれる。あなたの名前を覚え、あなたに対してもっとポジティブなイメージを持つようになる。**「グッド・モーニング」というあいさつを交わすたびに、その相手の人とのポジティブなきずなが強まっていくのだ。**

　「グッド・モーニング」をマスターすれば（きっと時間はかからないはず！）、スモール・トークに進むことができる。

　スモール・トークは、慣れていない日本人にとっては一大事のように感じられるかもしれないが、ポジティブな人間関係を作り出すにはとても重要である。ただ一緒に働いているだけでは、ビジネスの人間関係を最大限に生み出すことはできない。**同僚は、**

communication is basic.

If you say "good morning" to the whole office, it is not clear—from a Western perspective—to whom you are talking. So it is likely that no one will reply. In the West, people reply only when they know you are talking directly to them. This word "directly" is key.

Instead of saying "good morning" to the whole office at once, **try saying "good morning"—directly—to everyone you see**. Say it in the elevator. Say it in the hallway. Say it to the people near your desk. Say "good morning" and say that person's name. Say: "Good morning John." And make eye contact.

In return, people will say "good morning" to you. They will smile at you. They will remember your name. They will have a more positive image of you. **Each exchange of "good morning" confirms your positive relationship with that person.**

Once you master saying "good morning"—it shouldn't take long!—you can move on to small talk.

Small talk can feel like a chore to Japanese, if they are not used to it. However, it is very important for creating positive relationships. Just working together is generally not enough to create maximum business relationships.

あなたのことを知りたがっている。それも、一人の人間として知りたいと願っている。また、彼らのほうでも、あなたが彼らに興味を持つことを期待している。

　スモール・トークをする上で、**双方、つまり話し手と聞き手の双方が、会話を進行させなければならない**、ということを忘れてはならない。会話は「双方向」でなければならない。双方向ではなく、一方通行にしかならなければ、会話はうまくいかない。

　一方通行の会話の例をあげてみよう。
「テニスをしますか」
「ノー」
「ノー？」
「ノー？」と答えるようではいけない。そこで会話が終わってしまうからだ。会話が詰まって消化不良感が残るばかりではなく、「行き詰った」会話はネガティブな結果をもたらす。会話の相手は、「私たちには全く共通点がない」、あるいは「とくに話すこともない人だ」と思うかもしれない。

　会話をポジティブにするためには、双方向である必要がある。**双方向の会話を成り立たせるには、関連する質問、つまり会話を続けるための問いかけをしなければならない**。次は、先ほどと同じ会話で、関連する質問をしたときの例だ。
「テニスをしますか」
「ノー」

Your colleagues will be curious about you. They will want to get to know you as a person. And they will expect you to be curious about them.

Here's what you need to know about making small talk: **Both people—both the speaker and the listener—have to keep the conversation going.** Conversation needs to be "two-way." If it is not two-way—if it is only one-way—it will not be successful.

Here is an example of a one-way conversation:

"Do you play tennis?"

"No."

"No?"

You can't just reply, "No?" Because then the conversation just ends! It's a dead-end, and this is not satisfactory. In fact, a "dead-end" conversation can have a negative result. The other person might think: "We have nothing in common." Or: "We have nothing to talk about."

For a conversation to be positive, it needs to be two-way. **A two-way conversation needs follow-up questions. These are questions that keep the conversation going.** Here is the same conversation with follow-up questions:

"Do you play tennis?"

"No."

「では、何かスポーツをしますか」

あるいは、「オフィスでテニスをする人をご存じですか。こちらで勤務しているあいだにテニスをしたいと思っていまして」と言ってもよい。

これを皮切りに、会話を続けることができ、あなたも同僚も、お互いのことをより深く知ることができる。話題も出てくるし、お互いの共通点も見つかって、人間関係を構築することができる。これこそが、私たちが望んでいるポジティブな結果である。

これまで見てきたとおり、身につけるべきスキルは、一対一のコミュニケーション（一度に一人に対して「おはよう」と言うようなコミュニケーション）、と、双方向の会話の2つである。この2つのスキルが、グローバルなオフィスでは期待されている。もちろんほかにも大切なコミュニケーション・スキルは山ほどあるが、少なくともこの2つができるようになれば、海外での仕事が、ぐっとスムーズになる。

"Do you play any sports?"

Or: "Do you know anyone in the office who does? I'd like to play while I'm here."

From this point, the conversation can continue, and you and your colleague can learn more about each other. You can find things to talk about and things you have in common. You will be able to build a relationship. That is the positive result you want.

So these are two skills to practice: one-on-one communication (like saying "good morning" to one person at a time) and two-way conversation. These are two skills that are expected in the global workplace. If you can do at least these two things—there are, of course, many other important communication skills—you will have a much smoother time working overseas.

グローバルビジネス・**Tips #3**

- ☑ オフィス全体に向けて一度に「グッド・モーニング」と言うのではなく、出会ったすべての人に、直接「グッド・モーニング」と言う。

- ☑ 「グッド・モーニング」というあいさつを交わすたびに、その相手の人とのポジティブなきずなが強まっていく。

- ☑ 同僚は、あなたのことを知りたがっている。それも、一人の人間として知りたいと願っている。

- ✅ 同僚のほうでも、あなたが彼らに興味を持つことを期待している。

- ✅ スモール・トークをする上で大事なことは、話し手と聞き手の双方が、会話を進行させなければならないということ。

- ✅ 双方向の会話を成り立たせるには、関連する質問、つまり会話を続けるための問いかけをしなければならない。

Chapter 2

日本人と欧米人との価値観の違い

4 よい第一印象を与える

よい第一印象を与えることは重要である。こんなことは誰だって知っている。たぶん、日本国内でよい第一印象を与える方法は、皆さんもよくご存じだろう。しかし、日本の外でよい印象を与える方法はわかっているだろうか。

残念なことに、海外勤務をする日本人の多くは、よい第一印象を与えていない。もちろん悪い印象を与えているわけではないが、日本ではよい印象を持たれている人でも、海外ではベストの印象を与えていない場合が多い。

なぜだろうか。

欧米人の視点で言うと、たいていの場合、「何か」が足りないと思う。その何かとは、一種の温かい、フレンドリーな感覚である。この感覚はふつう、フレンドリーな会話を通じて生み出される。

経験上、日本人はシャイになりがちである。日本人は、ちょっとしたスモール・トークに加わって自分の人となりを見せることに、ためらいを覚える。よい印象を与えられるチャンスなのに、温かい、フレンドリーな会話をするのをためらってしまうのである。

もちろん、欧米にだってシャイな人はいる。しかし**日本人は、シャイな気持ちに打ち勝つことを学ばなければならない。なぜな**

Making a Good First Impression

It is important to make a good first impression. Everyone knows this. Most likely, you know how to make a good first impression in Japan. But do you know how to make a good impression outside of Japan?

Unfortunately, many Japanese who go overseas to work do not create a good first impression. That is not to say they create a bad impression. However, they often do not create the best possible impression. This is true even if they have a good reputation in Japan.

Why is this?

From a Western perspective, there often seems to be something missing. That something is a kind of warm, friendly feeling. This feeling is usually created through friendly conversations.

From my experience, Japanese tend to be shy. They can be hesitant to show their personality by participating in such small talk. They can hesitate to make the kind of warm, friendly conversation that makes a good impression.

Of course, there are shy people in the West, too. However, **the Japanese must learn to overcome their shyness.**

ら、欧米の文化では**スモール・トークがとても重要な役割を果たすからだ**。スモール・トークは、友情と信頼をつくり上げる上で、大きな役割を果たしている。もともと数学が苦手だったら、学校で他の科目より少し力を入れて数学を勉強するのと同じで、もともとスモール・トークが苦手だったら、人生でスモール・トークを少し頑張らなければならない。シャイな気持ちに、多少なりとも打ち勝たなければならない。

簡単なことから始めてみよう。

例えば、自己紹介について考えてみよう。海外に行くすべての日本人に私がアドバイスするとしたら、それは、自己紹介をすることである。周りの人があなたを他の人に紹介したり、他の人のことをあなたに紹介してもらうのを待っていたりしてはいけない。**自分から進んで、自己紹介をしよう**。長い紹介をする必要はないし、むしろ長い自己紹介をするべきではない。長くなると、堅苦しく、フォーマルすぎると思われかねないからだ。**自己紹介は短く、簡潔にとどめたい**。

たとえば、こう言ってみよう。「こんにちは、私の名前はヒロアキです。2週間前にアメリカに来たばかりです」

このセリフを、オフィスで出会った人すべて、特に、いっしょに働く人たちや、あなたの近くのデスクで働く人たちに向かって言ってみよう。**自己紹介をすれば、自分から進んで良好なビジネス上の関係を築きはじめたい、という気持ちを持っていることをアピールできる**。自己紹介をしなければ、正反対のメッセージが

That is because small talk is very important in Western culture. It is important for creating friendship and trust. If you are not naturally good at math, you have to work a little bit harder in school. If you are not naturally good at making small talk, you have to work a little bit harder in life. You must overcome your shyness, just a little bit.

Start with something easy.

A self-introduction, for example. My advice to any Japanese going overseas is to introduce yourself. Don't wait for people to introduce you to others or for others to be introduced to you. **Take the initiative to introduce yourself.** It doesn't need to be a long introduction. In fact, it shouldn't be a long introduction. That might seem too stiff and too formal. **Keep it short and casual.**

Say, for example: "Hi, my name is Hiroaki. I've just come to the U.S. two weeks ago."

Say this to anyone you meet in the office, especially to those with whom you will be working or who work at a desk near yours. **By introducing yourself, you show that you are eager to start a good working relationship.** By not introducing yourself, you convey the opposite.

伝わってしまう。

　日本人にとって、自己紹介はとてもフォーマルなもので、名刺をきちんと交わして行うものだ、ということを、私は経験上知っている。しかし海外では、名刺を交わすこともたしかに多いけれども、名刺交換という行為自体は比較的インフォーマルなもので、時には名刺を交換しないこともある。つまり、**日本と比べると、多くの国では自己紹介はもっと心温まるもの、もっとインフォーマルなものである。**

　たとえば北米では、はじめて会った人によくこんな言い方をする。「私の名前はジョン。あなたは？」

　そのときは、こう答えたらいい。「私の名前はサトウ・ヒロアキです」

　それから、二人で握手をする。これが、人間関係のはじまりである。名刺はいらない。特に、同じ社内の近い職場で働いている場合は、名刺を交換する必要はない。日本人がこのような自己紹介のスタイルをマスターできれば、欧米人に対して、もっとポジティブな印象を与えられる。

　ためらいや、きまりが悪そうな様子をあなたが見せていたとしたら、よくない印象を作り出すことになる。欧米人は、こう考えるかもしれない。「ああ、この日本人は、水臭いやつだな。あるいは、私に興味がないのだろう」これでは、よい印象を与えられていないし、よい人間関係にも結びつかない。しかし残念ながら、

I know from my experience that, for Japanese, an introduction is more formal, with a proper exchange of business cards. But outside Japan, while business cards are often exchanged, the action of doing so can be relatively less formal and, sometimes, cards may not even be exchanged. In short, **in many countries, introductions are warmer and less formal than in Japan.**

In North America, for example, this is a typical first meeting: "My name is John. What's yours?"

Then you can reply: "My name is Hiroaki Sato."

Then you shake hands. That is the start of the relationship. No business cards necessary, especially if you are in the same company and working in close proximity with each other. If Japanese can master this style of introduction, they can create a more positive impression on Americans and Europeans.

If you hesitate or look uncomfortable, you can create the wrong impression. A Western person might think: "Oh, this Japanese is standoffish or is not interested in me." This is not a good impression and may not lead to a good relationship. Unfortunately, that is what often happens.

こんな様子をよく目にする。

　多くの欧米人は、仕事面では日本人を大いに尊敬している。日本という国は、高品質な製品を作るという評判をしっかりと勝ち得ているからだ。また、日本人は何年も先のことを計画することで有名である。次の四半期や来年だけでなく、時には二年、五年、あるいは十年先のことまでも計画に入れてしまえる能力がある。

　しかし、職場の人間関係については、日本人の評判には少し陰りがみられる。

　幸い、この点を簡単に正せる方法があると私は思っている。**新しい仕事仲間のデスクに近づいて、自己紹介をしよう**。そうして会話を始めれば、もっとポジティブで、フレンドリーな印象を作り出せる。これには、少し練習が必要かもしれないが、その見返りに、欧米人の同僚たちは、あなたを温かく扱ってくれるようになるだろう。そうこうするうちに、こういうパーソナルなやり方のほうが、あなたにとっても自然なふるまいになるはずだ。

Most Westerners have a great respect for Japanese in business. This is because of Japan's good reputation for high-quality manufactured goods. Also, Japanese are famous for planning many years into the future—not just next quarter or next year but sometimes two years, five years, or even ten years in advance.

However, when it comes to working relationships, the Japanese reputation is less positive.

Fortunately, I think there is an easy fix for this. **Approach the desk of a new colleague and introduce yourself.** Start a conversation. If you do this, you will create a more positive, friendly impression. It may take a little practice. But in return, your Western colleagues will treat you warmly. And in time, it will become more natural.

グローバルビジネス・Tips #4

☑ **欧米人の視点で言うと、日本人に足りないのは一種の温かい、フレンドリーな感覚。**

→ この感覚はふつう、フレンドリーな会話を通じて生み出される。

☑ **スモール・トークは友情と信頼をつくり上げる上で、大きな役割を果たしている。**

→ 日本人は、シャイな気持ちに打ち勝ち積極的にスモール・トークを行うこと。

☑ **自分から進んで、自己紹介をしよう。**

→ 自己紹介は短く、簡潔なものでいい。

- ☑ 自己紹介をすれば、自分から進んで良好なビジネス上の関係を築きはじめたい、という気持ちを持っていることをアピールできる。

- ☑ 日本と比べると、多くの国では自己紹介はもっと心温まるもの、もっとインフォーマルなものである。

- ☑ ためらいや、きまりが悪そうな様子は、よくない印象を作り出す。

- ☑ 新しい仕事仲間のデスクに近づいて、自己紹介をしよう。

5 欧米人の価値観を理解する：個人主義とは？

アメリカで働く日本人は、アメリカの価値観を理解することが重要である。アメリカの価値観の多くは、アメリカ特有のものであろう。しかし、非常に広い意味で言うと、欧米の文化には、（完全に同じとは言えないまでも）類似する価値観がある。

そのような価値観の1つに、個人主義がある。**個人主義は、欧米の文化における基本的な価値観であり、欧米のビジネス文化における基本的な価値でもある。**

ビジネスの世界における個人主義とは、どのような意味だろうか。

こんな情景が思い浮かぶ。会議に出て、自分が考えることを口にする。それも、はっきり言い切って、回りくどくは言わない。

つまり、**個人としてのあなたの考えが、とても重要なのだ。**もちろんこれが、日本でいつもまかり通るとは限らない。日本人にも当然ながら個人的な考えはあるが、日本人は一般に、集団のコンセンサスの方が大事だと考える。このため多くの日本人は、会議で発言することをためらう。会議だけではなく、何かにつけて本音を口にするのをためらうのだ。しかし、**日本を出ると、自分の考えを言うことが重要になってくる。**実際、**グローバルな経験を持つマネジメント層は、自分の考えを共有する責任が一人ひと**

Understanding Western Values: Individualism

It is important for Japanese working in the United States to understand American values. Many of these values may be unique to the United States. But in very broad terms, Western cultures have values that can be regarded as similar (if not exactly the same).

One of these values is individualism. **Individualism is a fundamental value in Western cultures. It is also a fundamental value in Western business culture.**

What does individualism mean in the business world?

Consider the following point: When you are in a meeting, say what you think and say it clearly. No beating around the bush!

In other words, **your ideas, as an individual, are very important**. In Japan, of course, that may not always be the case. Although Japanese certainly have individual ideas, they generally consider group consensus to be more important. So, for this reason, many Japanese hesitate to speak up at meetings. They may hesitate to say what they really think about something. However, **outside of Japan, it is important to say what you think**. In fact, **business**

りにあるという前提に立っている。そうしてはじめて、集団全体がベストのソリューションや行動方針を手に入れられる、という考え方だ。

　意見の交換が重要である理由がもう一つある。欧米の同僚たちが、あなたのことをもっと信頼するようになるはず、ということだ。**いつも彼らの言葉に同意ばかりしていると、欧米人は疑いの目を向けるようになる**（他人がいつも賛成することなどありえないのだから）。**いつも押し黙っていれば、本当の気持ちを隠しているのではないかと思うだろう**。その結果、欧米人の同僚たちは、あなたを信頼しなくなり、よい人間関係を築くことがさらに難しくなるだろう。

　欧米で信頼を生むには、考えや意見をオープンに共有するとよい。これは、あなたに関心があることを示すやり方でもある。仮にあなたが何かを気にしているのであれば、あなたはそのことについてある程度深く考えて、意見を形成しているのだろう、と欧米人は考える。

　意見をシェアすることで、自分が関心を持っていることを示すことができる。あなたの同僚やビジネスにとって重要な意味を持つ問題について、時間をかけて考えていることを示すことも、信頼関係を築くステップとなる。

　いくら強調しても十分とは言えない。個人一人ひとりの考えが、とても重要なのだ！

executives who are globally experienced work on the premise that every individual has a responsibility to share his or her ideas. Only then can the group arrive at the best solution or course of action.

There is another reason why sharing ideas is important: Your Western colleagues will trust you more. **If you always just agree with them, they will become suspicious.** (It is impossible for someone to *truly* always agree.) **If you always keep quiet, they will think you are hiding your true feelings.** As a result, your Western colleagues will not trust you and it will be harder to form good relationships.

Sharing ideas and opinions, in an open manner, is a way of creating trust in Western cultures. It is also a way of showing interest. Westerners think that if you care about something, you will have thought about it in some depth and formed an opinion about it.

By sharing your ideas, you can show that you care. You can show that you are putting in time to think about issues that are important to your colleagues and to your business. This will also build trust.

I cannot stress this enough: Individual ideas are very important!

また、欧米の文化では、個人主義とは、**個人一人ひとりが自分自身のキャリアに関心を持つことを意味する**。言い換えれば、欧米人は会社やボスのためだけに働いているわけではない。まずは、自分のために働いているのだ。これは非常に重要な点であり、これに異を唱える欧米人は、まずいないだろう。つまり、欧米人は自分自身のキャリアを管理しているのだ。**彼らはボスや会社が自分のケアをしてくれるとは期待していない**。従業員が自分のキャリアを管理できるようにサポートするためのトレーニングすら存在しているのだ。

　もちろん、個人主義にはよい面も悪い面もある。完璧なものなどない。英語では、よい面を「pros」、悪い面を「cons」と言う。「pros」について言うと、**個人主義によって、自分のキャリアをコントロールすることができる**。個人主義のおかげで、スタートがどうだったにせよ、人生やビジネス上のキャリアパスを、自分自身で描ききることができる。

　「cons」の面についていえば、**個人主義によってひとりよがりになる人もいる。そのような人は、自分が上にいくことしか関心がない**。日本人がこのような姿を目にしたら、個人主義は悪いものだと考えるかもしれない。しかし、このような利己的な人々は、社会通念上許されないほど、極端に個人主義を推し進めてしまっているにすぎない。また、このように極端に走ることは、欧米の文化では高く評価されない。欧米では、個人主義は非常に重要だ

Individualism also means that, in Western cultures, **each individual takes care of his or her own career**. In other words, you are not working just for your company or your boss. You are primarily working for yourself. This is fundamental. Almost no one in the West would think differently. In short, Westerners manage their own careers. **They don't expect their boss or their company to take care of them**. There is even training to help employees learn to manage their careers.

Of course there are good points and bad points to individualism. Nothing is perfect. The good points we call the "pros" and the bad points we call the "cons." On the pro side, **individualism allows people to take control of their own careers**. It allows them to chart their own pathways through their lives and their careers in business—no matter how they start out.

The con side is that **some people can be selfish. They are concerned only with promoting themselves**. Japanese people might observe this and feel that individualism is a negative thing. But such selfish people are following individualism to an unacceptable extreme. And this extreme is not valued in Western culture either. We can say that, in the West, individualism is fundamental, but that,

と言ってかまわないが、**平等や忠誠心、ボランティア精神のような他の価値観とのバランスが取れたときに、個人主義が非常によい形で現われる**ともいえる。

　だから、日本人が日本を出たら、個人主義について、相手の立場に立って考えるように提言したい。厳しい判断を下しすぎてはいけない。**健全なよい個人主義と、不健全な悪い個人主義の違いを見きわめ、欧米人の観点から、個人主義の価値観やありようを見るようにしたいものだ。**

　ほとんどの欧米人たちは、悪い意味で自分を売り込もうとしているのではなく、ただ、欧米の文化で成功するためにやらなければいけないと信じていることをしているだけだ。欧米の文化では、自分を少しは売り込まないと、前に進むのが本当に大変である。**昇進したり、スキルや上司になるために必要な経験を身につけたりするには、しかるべき方法で自分を売り込まなければならない。**キャリアパスや仕事での成功について、あなた自身が責任を持つ必要がある。あなたのキャリアを進めていくうえで、自分が要求されることでもある。

in its most positive manifestation, **it is also balanced by other values, such as equality, loyalty, and the volunteer spirit**.

So I suggest that, outside Japan, Japanese would do well regard individualism empathetically. Don't judge it too harshly. **Learn to see the difference between a good, healthy individualism and a bad, unhealthy individualism. Try to see the value and practice of individualism from the Western point of view.**

Most people in the West are not self-promoters in a bad sense. They are simply doing what they believe they must do to succeed in Western culture, where, if you don't promote yourself a little, it can be real challenge to get ahead. **To get promoted, to acquire more skills and the experience needed to be a manager—to do all these things—you need to promote yourself in appropriate ways.** You have to take charge of your career path and your professional development. It's what is required to advance your career.

グローバルビジネス・Tips # 5-1

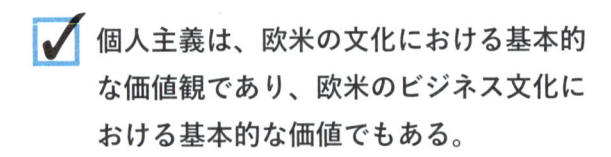

- ✅ 個人主義は、欧米の文化における基本的な価値観であり、欧米のビジネス文化における基本的な価値でもある。

- ✅ 日本を出ると、自分の考えを言うことが重要になってくる。

- ✅ グローバルな経験を持つマネジメント層は、自分の考えを共有する責任が一人ひとりにあるという前提に立っている。

- ✅ いつも彼らの言葉に同意ばかりしていると、欧米人は疑いの目を向けるようになる。

- ✅ いつも押し黙っていれば、本当の気持ちを隠しているのではないかと疑われてしまう。

- ✅ 欧米で信頼を生むには、考えや意見をオープンに共有するとよい。

- ✅ 意見をシェアすることで、自分が関心を持っていることを示すことができる。

- ✅ 欧米の文化では、個人主義とは、個人一人ひとりが自分自身のキャリアに関心を持つことを意味する。
  - ➡ 欧米人は会社やボスのためだけに働いているわけではない。まずは、自分のために働いているのだ。

グローバルビジネス・Tips #5-2

✅ 個人主義によって、自分のキャリアをコントロールすることができる。

✅ 個人主義によってひとりよがりになる人もいる。そのような人は、自分が上にいくことしか関心がない。

→ このように極端に走ることは、欧米の文化でも高く評価されない。

✅ 平等や忠誠心、ボランティア精神のような他の価値観とのバランスが取れたときに、個人主義が非常によい形で現われる。

☑ 健全なよい個人主義と、不健全な悪い個人主義の違いを見きわめ、欧米人の観点から、個人主義の価値観やありようを見るようにしたい。

☑ 昇進したり、スキルや上司になるために必要な経験を身につけたりするには、しかるべき方法で自分を売り込まなければならない。

6 欧米の価値観を理解する：平等とは？

平等は、欧米の文化における、もうひとつの基本的な価値観である。日本人はこの考え方を理解しているように思われるが、この観念が欧米文化においてどれほど深く浸透しているかについては、わかっていないのではないだろうか。グローバル社会で成功するには、平等の意味を理解することが大切である。

他の国のことを考えてみよう。シンガポールやイギリス、そしてもちろん、アメリカ。これらや、ほかの多くの国では、人種が大いに入り混じっている。たとえば、ニューヨーク市の人口の約40％を占めるのは、アメリカ国外で生まれた人々である。東京では、日本国外で生まれた人は人口のわずか1.5％に過ぎない。

このように人種が混ざっているということは、大きな強みと考えられている。**人種が混ざると、考え方や専門知識も混ざる。しかし、これがうまく機能し、すべての人が参加できるようになるためには、平等が要求される。**

私は以前、シリコンバレーで参加者12人の研修を行ったが、彼らの母国語は全部で9カ国語だった。その12人がともに働くには、それぞれの母国の文化が互いに、あるいはアメリカの文化と比べてどれほど異なっていようとも、平等の感覚を明確に持っている必要がある。各チームメンバーが平等に、価値あるスキルや

Understanding Western Values: Equality

Another fundamental value in Western culture is equality. I believe that Japanese know this concept. However, they might not understand how deeply it is felt in Western culture. To get along in a global society, it is important to understand equality.

Consider other countries. Look at Singapore, England, and, of course, the U.S. In these countries and many others, there is a real mixture of people. For example, about 40% of New York City's population was born outside the U.S. In Tokyo, only about 1.5% of the population was born outside Japan.

This mixture of people is considered a great strength. **A mixture of people means a mixture of ideas and a mixture of expertise. But to make this work—and to make sure that everyone can participate—equality is necessary.**

I once did a training session in Silicon Valley with 12 participants who spoke nine different native languages. For those 12 people to work together, however different their native cultures were from each other and from the U.S., a clear sense of equality would be necessary. There would

アイディアを持っていて、提供することができる、という考え方が要求されるし、このようなアイディアやスキルを提供して共有できる自由な場がある、ということへの信頼感も必要となる。

さらに、性差別もあってはならない。**男性と女性は、ビジネスに関しては、まったく同等に扱われなければならない**。私の知っている日本企業は、あるビジネスウーマンのラテンアメリカへの出張を許可しなかった。このケースでは、その女性はトップの地位に就いていて、いちばん経験豊富な人物だった。その日本企業は、ラテンアメリカに行くには彼女は適任ではないだろうと考えた。したがって同社は、より地位の低い男性を派遣した。この選択は差別的であり、欧米の視点からは許されない。トップの地位の、いちばん経験豊かな人物こそが、男性であれ女性であれ、その任務を与えられるべきだったのだ。

宗教による差別もあってはならない。年齢による差別もあってはならない。性的嗜好に基づく差別もあってはならない。民族に基づく差別もあってはならない。あなたがコーカサス人であれ黒人であれ、ヒスパニックであれアジア人であれ、それは関係ない。あらゆる人が、法的な観点では同一であり、同じ権利を持ち、平等に扱われることを期待している。

need to be a sense that each team member—equally—has valuable skills and ideas to offer and the confidence of a free environment in which to offer and share those ideas and skills.

Furthermore, there can be no discrimination because of gender. **Men and women are to be regarded as exactly the same when it comes to business.** One Japanese company I know refused to let a businesswoman lead a trip to Latin America. In this case, the woman was the highest-ranking, most experienced person. The Japanese company thought that, in Latin America, she would not be appropriate. So instead they sent a lower-ranking man. This choice is discriminatory and, therefore, unacceptable from a Western point of view. The highest-ranking, most experienced person—male or female—should have been granted the assignment.

There can be no discrimination because of religion. There can be no discrimination based on age. There can be no discrimination based on sexual orientation. There can be no discrimination because of ethnicity. If you are Caucasian or Black, Hispanic or Asian, it doesn't matter. Everybody, in the eyes of the law, is the same, has the same rights, and expects to be regarded as equal.

平等について理解するだけでは十分ではない。**海外で働くのであれば、平等を実践する必要がある**。私たちはみなそれぞれに価値観を持っていて、私たちの行動はその価値観を反映している。その価値観を理解することが、第一歩である。さらに、自分の価値観にマッチする行動を取らなければならない。**自分の言動を通じて、平等を理解していることを示さなければ、あなたの評判は傷つくし、訴訟を招くおそれすらある。**

　とても優秀な日本人が、欧米人が耳にしたらひどく侮辱されたと感じるようなことを言うのを聞いたことがある。例えば、「ニューヨークは、黒人がたくさんいるから怖かったよ」という発言。
　あるいは「サンフランシスコにはゲイがたくさんいるから、私は行かなかった」といった言葉だ。
　このようなことは、絶対に言ってはならない。**特に欧米の文化では、ある人間集団を否定的に語ることは許されない**。それは差別であり、平等に反する発言である。

　一般化をしないように気をつけたい。「アメリカ人はこうだ」「中国人はああだ」と一般化するのはたやすいが、そのような発言が完全に正しいということはありえない。あらゆる種類のアメリカ人、あらゆる種類の中国人、そしてあらゆる種類の日本人がいるからだ。心をオープンにしよう。**カテゴリーやステレオタイプに**

It is not enough to understand equality. **When you are working overseas, you need to practice it.** All of us have values and our behavior reflects those values. To understand the values—that's just the first step. Then you have to have behavior that matches. **You need to show that you understand equality through your words and actions. If you don't, it could hurt your reputation and even invite legal action.**

I have heard some very intelligent Japanese say things that Westerners would find very offensive. For example: "I was scared in New York because there were so many black people."

Or: "I don't want to go to San Francisco because there are so many gay people there."

You absolutely cannot say these things. **In Western culture in particular, it is unacceptable to talk about any group of people negatively.** This is discrimination. It goes against equality.

Try not to make generalizations. "Americans are like this…" Or "Chinese people are like that…" It is easy to generalize. However, such statements are never completely true. There are all kinds of Americans. There are all kinds of Chinese. There are all kinds of Japanese. Keep an open

基づいて人を判断してはいけない。人を適切に評価することができるのは、仕事の質だけである。

　アメリカやカナダなど、ほとんどの欧米諸国では、自分の行動にもとづいて人生を歩んでいく。同じことがあなたのキャリアについても言える。自分の仕事に基づいて、会社を通じて前進していく。成果は非常に重要である。**すべての人が同じところからスタートする。つまり、表向きはすべての人に、等しく成功するチャンスがある。**熱心に働き、人より多く準備をした人が、そのうちに、順当に昇進していく。

　あなたの父親がその会社の社長であろうと、あるいはあなたの父親が著名な政治家であろうと、そんなことは、それほど重要ではない。この手のコネは、客観的に見れば無関係である。重要なのは、とりわけ、あなたが何をできるか、ということである。ハーバードやスタンフォードのような、一流大学に通ったかどうかも無関係である。重要なのは、あなたの能力だ。だから、**あなた個人の業績こそが、性別、人種、年齢といった属性よりも重要になる。**

　個人主義や平等は、欧米の文化における2つの重要な価値観である。この2つをまとめて考えると、どう関係しているかがわかる。私たちはみな、スタート地点では平等である。あなたの背景、

mind. **Don't judge people based on categories or stereotypes. You may appropriately evaluate them basely solely on the quality of their work.**

In most Western countries, as in the U.S. and Canada, you advance in life based on what you do. The same is true in your career: You advance through your company based on your work. Achievement is very important. **Everyone starts out the same, meaning all ostensibly have equal opportunity to succeed.** The person who works harder and is better prepared should, in due course, properly get promoted.

It doesn't matter if your father is president of the company. It doesn't matter if your father is an important politician. Such connections are objectively irrelevant. What matters, above all, is what you can do. It doesn't matter if you went to a top university, like Harvard or Stanford. What matters is what you can do. So achievements—your individual achievements—are very, very important. **Individual achievements are more important than such attributes as gender, race or age.**

So individualism and equality are two fundamental values in Western culture. And, if you consider them together, you can see how they are related. We all start out

あなたがどこから来たかは重要ではない。重要なのは、個人として、ビジネスのプロフェッショナルとして、自分自身の価値をどう証明できるかである。自分自身の価値を証明するには、熱心に働き、よい考えを持ち、会社のために戦うことである。**経験を積んで、新しいスキルを身につけ、会社に成功をもたらすことで、自分自身の価値を証明することができる。**

equal. Your background—where you come from—doesn't matter. What matters is how you prove yourself as an individual and a business professional. And you prove yourself by working hard, having good ideas and fighting for them. **You prove yourself by gaining experience, acquiring new skills and by bringing success to your company.**

グローバルビジネス・Tips #6

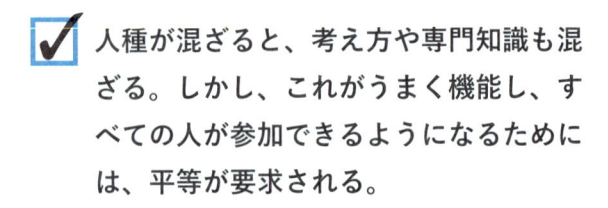

- ☑ 人種が混ざると、考え方や専門知識も混ざる。しかし、これがうまく機能し、すべての人が参加できるようになるためには、平等が要求される。

- ☑ 男性と女性は、ビジネスに関しては、まったく同等に扱われなければならない。

- ☑ 宗教による差別もあってはならない。年齢による差別もあってはならない。性的嗜好に基づく差別もあってはならない。民族に基づく差別もあってはならない。

- ☑ 海外で働くのであれば、平等を実践する必要がある。
  - ➡ 自分の言動を通じて、平等を理解していることを示さなければ、あなたの評判は傷つくし、訴訟を招くおそれすらある。

☑ 欧米の文化では、ある人間集団を否定的に語ることは許されない。

☑ 一般化をしないように気をつけたい。
  ➡ カテゴリーやステレオタイプに基づいて人を判断してはいけない。人を適切に評価することができるのは、仕事の質だけである。

☑ すべての人が同じところからスタートする。つまり、表向きはすべての人に、等しく成功するチャンスがある。熱心に働き、人より多く準備をした人が、そのうちに、順当に昇進していく。

☑ 自分自身の価値を証明するには、熱心に働き、よい考えを持ち、会社のために戦うことである。

7 欧米のビジネス心理を理解する

欧米人のビジネス心理を理解することも重要である。

たとえば、アメリカ人に、「この銀行はどうして存在するのか」と聞いてみよう。大多数の人が、こう答えるか、心の中で思うだろう。「理由は、金もうけのためだ」あるいは、「株主に利益を還元し、価値を与えたいのだ」と。

日本人は、こう言ったり考えたりするだろう。「この会社は、消費者に奉仕するために存在している。その過程で金もうけができればよい」

この2つの答えの違いが、2つの企業価値体系を生み、ひいては2種類の企業文化となる。この手の違いも、日本人が日本国外で成功することを難しくしている要因である。価値観というものは、社会に深く根を下ろしており、なかなか変わるものではない。フレキシブルになることがカギである。また、フレキシブルになることは、これらの価値観の背後にある考え方を理解する上でも役立つ。

もちろん、アメリカの企業も日本の企業も、すべての企業が成功したいと望んでいる。しかし、すべてのマーケットにはそれぞれに課題がある。**欧米、特にアメリカでは、最大の課題は市場で生き残ることである。**

Understanding Western Business Mentality

It is also important to understand the business mentality in the West.

Ask an American, "Why does this bank exist?" Almost all will answer or think: "The reason is to make money" or "We want to return profit to our shareholders, give them value."

A Japanese might say or think: "This company exists to serve the customer. If you make money while doing it, then good."

These two different answers create two different corporate value systems, meaning two different kinds of corporate cultures. These kinds of differences also make it difficult for Japanese to be successful outside of Japan. Values run deep and are hard to change. Flexibility is key. It is also helpful to understand the thinking behind these values.

Of course, every company—American and Japanese—wants to succeed. But each market has its own challenges. **In the West, particularly in the U.S., the biggest challenge is surviving in the market.**

任意の10年間を取ってみて、ある10年の初めにおけるトップ100の企業を見て、さらに、10年の終わりに同じトップ100の企業リストを見てみよう。おそらく、トップ100の企業のうち75％は消えてしまっていて、リストには現れないだろう。ビジネスの競争は熾烈を極めていて、いとも簡単に転げ落ちてしまう。だから、市場で生き残ること自体が重要な目標となる。

　アメリカのビジネス心理の多くは、この、市場で生き延びるという目標によって規定されている。

　こんな状況を想像してみよう。8週間にわたり、あなたは新しいプロジェクトを展開している。この8週間で、プロジェクトはゼロから80％まで進んだ。しかし、今後を見通すと、80％から100％に持っていくのにさらに8週間かかると予想したとする。

　大半の欧米人は、これをよい時間の使い方とは考えない。欧米人は、80％の時点でよしとして、残りは動きながら仕上げる。100％になるまで待たずに、そのプロジェクトを公表し、あるいはマーケティングを開始する。

　このため、アメリカのビジネス文化は80/20と言われている。**アメリカ人は、物事は80％で問題なく進められると考えている。他の20％は、成り行きに任せて解決する。**このアプローチを取らなければ、競争のチャンスを逃し、得られる市場シェアが少なくなることを恐れているのだ。

　一方で、日本人は、プロジェクトが100％完成するまで待つ方

Look at the top 100 companies at the beginning of any decade, then at the same list at the end of the decade. Maybe 75% of the companies are gone, no longer on the list. Business competition can be intense, making it very easy to fall behind. So surviving in the marketplace becomes an important goal for its own sake.

Much of American business mentality is shaped by this goal: surviving in the market.

Imagine this situation: In eight weeks you develop a new project. During these eight weeks you go from zero to 80%. But, looking ahead, you forecast that it will take you another eight weeks to go from 80% to 100%.

Most Westerners would not think this is a good use of time. They would go with the project at only 80% and finish it on the run. They wouldn't wait until the project was at 100% to announce it or to start marketing it.

For this reason, American business culture has been described as 80/20. **Americans think something can be quite workable at 80%. They will figure out the other 20% as they go.** If they don't take this approach, they are afraid their competition will pass them by and gain market share at their expense.

Japanese, on the other hand, prefer to wait until a

を好む。日本人は物事を完璧に行い、正しく輝き出すまでプロセスを磨き上げたいという欲求がある点については、衆目の一致する所だろう。こういった考え方はすばらしい。しかし、北アメリカ、さらには西欧の大半の人々は、ビジネスの観点からいってこれは現実的ではないと考えている。

　それどころか欧米人は、これは時間の間違った使い方だと考える。欧米人は一般に、物事をすばやく行いたがる。これは覚えておくべき大事な点である。欧米人は、物事をできるかぎり早くかたづけたいと思っている。**すばやく動くことが、完璧であることやコンセンサスに達することよりも重要である。**

　80％を100％にするのに時間をかけているうちに、ライバルに敗れるだけではなく、マーケットから脱落する結果すら招きかねない。

　市場で生き延びるとは、市場にとどまり、10年後にも存続しているということだ。道端に転がり落ちないということだ。負けないということだ。だから、生き延びるためには、プロジェクトやプログラムがまだ80％の段階で進めていく。こういった考え方になるのは、生き延びる必要に駆られているからだ。生き延びることができなければ、他のことはたいした意味を持たない。

　この点を理解することが重要である。品質は当然ながら重要である。しかし、市場で生き延びることが至上命題なのだ。

project is 100% complete. In Japan, most observers would agree, there is a desire to do things perfectly, to polish the process until it shines just right. This is a nice idea. However, most people in North America, and even in Western Europe, would not think this is realistic in business terms.

In fact, they would not regard it as a good use of time. Western people, in general, want to get things done quickly. That is a key point to remember. They want to get things done as quickly as possible. **Moving quickly is more important than being perfect or reaching consensus.**

During the time it takes to go from 80% to 100%, you might not only lose out to a competitor, your slowness could well cause you even to drop out of the market.

Surviving in the marketplace means that you stay in the market, that you're still alive 10 years later. It means that you don't fall by the side of the road. It means that you don't lose. So, to survive, you go with a project or program at only 80%. This way of thinking is driven by the need to survive. If you don't survive, little else matters.

So this is what is important to understand: Quality is important, of course. But survival in the marketplace is of paramount importance.

グローバルビジネス・Tips #7

☑ 欧米、特にアメリカでは、最大の課題は市場で生き残ること。

☑ アメリカ人は、物事は80％で問題なく進められると考えている。他の20％は、成り行きに任せて解決する。

✓ **すばやく動くことが、完璧であることやコンセンサスに達することよりも重要。**

→ 品質は当然ながら重要である。しかし、市場で生き延びることが至上命題。

Chapter
3

部下のコーチングができなければ、ぜったい昇進できない

8 物事を成し遂げる

アカウンタビリティ（責任）について話をしよう。この概念は欧米ではとても重要な意味を持つが、日本語にうまく訳すことができない。少なくとも、この言葉の持つ欧米的な意味は、うまく訳されていない。**日本での責任は、集団としての責任であるが、欧米では、個人の責任を意味する。**欧米では、一人ひとりが、自分自身の仕事や考え方に責任を負い、個人が、物事を成し遂げる責任を負う。その後、仕事を終えたことを上司に知らせるという段取りである。

あるアメリカ人のCEOが、かつてこう語ってくれた。「『目標はこうだ』などとは言ってほしくない。私は目標を知っているし、君も知っている。だから、目標のことはどうでもいい。私たちは目標が何かを知っているわけだから、問題は、君は目標の達成をコミットするのかどうか、ということ。それを知りたい」

彼が言っているのはつまり、君が仕事を達成できると信頼していいのか。君は責任を負うと考えていいのか、ということだ。

日本では、物事を成し遂げるのはつねに集団である。賞賛や批判を受けるのは集団である。**目標が達成されてもされなくても、日本における責任は集団のレベルに根ざしているが、アメリカでは、個人が責任を負う。**これが日本とアメリカとの大きな違いで

Getting Things Done

Let's talk about accountability. This concept is very important in the West. However, it doesn't translate well into Japanese. At least, the Western sense of the word doesn't translate well. **Accountability in Japan is group accountability. In the West, it means individual accountability.** The individual is accountable for his or her own work and ideas. The individual is responsible for getting something done. And then you let your boss know that you got it done.

Here's something an American CEO once told me: "I don't want anyone to say to me, 'the goal is…' I know the goal. And you know the goal. I don't care about the goal. We know what the goal is. Are you committed to achieving it? That's what I want to know."

What he's saying is this: Can I trust you to get the job done? Can I hold you accountable?

In Japan, it's invariably the group that gets things done. It's the group that receives praise or criticism. **Whether or not the goal has been achieved, that accountability in Japan is sourced at the group level, while in the U.S.**

ある。

　この違いが原因で、日本では、アメリカの場合よりも一つのプロジェクトに関わる人数がずっと多いことがよくある。だから、誰かが何かを見落としたとしても(見落としは避けられないことだが)、フォローする人が他にいる。日本人にとって、チームワークとは、自分の与えられた仕事をやるだけを意味しているわけではない。チームワークは、チームを失敗させないという意味を持つ。

　欧米では、見落としをフォローしてくれる集団は存在しないのが普通である。全員に、自分が果たすべき役割がある。欧米は、この種の自己利益が、物事をやり遂げるための適切で効率的な方法であると考えている。

　日本人がこう質問してきたことがある。「欧米人は、意図的に集団内で働きたがらないのだろうか」

　欧米人が集団を避ける、あるいは集団内で働くことを自覚的に望んでいないとは、私は思わない。むしろ、**欧米人は、集団について、日本人とは異なるとらえかたをしている**。欧米人は、集団をパイのようなものであると考えている。全員が一切れのパイを持っている。つまり、**チームメンバー一人ひとりが具体的な責任を負っている。自分の仕事をこなせば、それがすなわちよいチームプレイヤー、ということになる。他の人がどうやっているかは、そこまで気にしない**。全く関心がないとは言わないが、日本人ほどは興味が無いのが普通である。

the individual is responsible. That's a huge difference between Japan and the U.S.

Because of this difference, in Japan, there are often many more people working on a project than in the U.S. So if someone overlooks something, which is natural, there is somebody else to pick up the pieces. For Japanese, teamwork doesn't just mean doing your own work; it means not allowing your team to fail.

In the West, there usually is no group to pick up the pieces. Everybody has to do his or her part. Westerners see this kind of self-interest as a more appropriate and efficient way to get things done.

I've had Japanese ask me: "Do Westerners purposely not want to work in groups?"

I don't think that Westerners avoid groups or purposely not want to work in them. Rather, **we see groups differently**. We see a group like a pie. Everyone has a slice. Each team member has a specific responsibility. **If you do your job, then you've been a good team player. And we're a little less concerned about how others do.** I won't say we are unconcerned, but we are usually not as concerned as Japanese.

アメリカ人の中には、チームで物事をなしとげる日本人の能力を高く評価するようになる人もいる。日本人が物事を共同で行っていくやり方には、賞賛すべき点がある。

Some Americans learn to deeply appreciate the Japanese for their ability to get things done in teams. And there is the Japanese practice of doing things together—there is something admirable about that.

グローバルビジネス・Tips #8

☑ 日本での責任は、集団としての責任であるが、欧米では、個人の責任を意味する。

☑ **欧米人は、集団について、日本人とは異なるとらえかたをしている。**

→ チームメンバー一人ひとりが具体的な責任を負っている。自分の仕事をこなせば、それがすなわちよいチームプレイヤー、ということになる。

9 マネジメントを改善する

　日本は、高品質の製品を生み出すことで、揺るぎない評判を勝ち得た国である。この高い評判に照らして、日本のメーカーでは他のこともすべてすばらしいに違いないと、考えがちである。多くの外国人は、製品がすばらしいという理由で、日系企業に引きつけられていく。たとえば、車やバイクが好きだという理由で、ホンダで働くことを選んでいる若いアメリカ人エンジニアは多い。

　しかし、マネジメントの慣行がすばらしいということで日系企業に惹かれたという人を、私は一人も知らない。

　日本人は、外国で働くときも、マネジメントのスタイルを変えず、現地スタッフが日本人であるかのようにマネジメントしようとすることが多い。このアプローチが成功する可能性はゼロに等しい。銀行、製造業、メディア、商社。どの産業であろうと、成功を収めるのはほんとうに大変である。グローバルなビジネスの世界で成功するには、ある程度の変化は必要だろう。

　アメリカで働く日本人に、私がいつもたずねることがある。「**部下がいたとして、あなたがやるべきことのなかで一番大切なのは何だと思いますか**」

Managing Better

Japan is a country with a solid reputation for high-quality manufactured goods. Because of this good reputation, it is easy to think that everything else about the manufacturing company must also be great. Many non-Japanese are attracted to Japanese companies because of their products. Many young American engineers have chosen to work for Honda because they like cars or motorcycles, for example.

However, I don't know anyone who has been attracted to a Japanese company because of its management practices.

When Japanese go to work overseas, they often do not change their management style. They try to manage the local staff as if the local staff were Japanese. That approach is hardly likely to be successful. No matter what the industry—banking, manufacturing, media, or trading companies—attaining success will be a real challenge. To be successful in the global business world, it will be necessary to make certain changes.

I always ask Japanese working in the U.S. this: "**If you have subordinates, what's the most important thing you should be doing?**"

彼らが「部下のマネジメントです」と言わなければ、こう言うことにしている。「**あなたは、自分の行動を変える必要があるでしょう。あなたの仕事はとても大切です。しかし、あなた自身の具体的な、テクニカルな仕事よりもさらに大切なのは、部下をマネジメントすることです。そうしないのであれば、日本に戻ることを考えた方がいい**」

ずいぶんぶっきらぼうな言葉だと、われながら思う。しかしそういう言い方をするのは、ほんとうに重要な、とても大切なことだからだ。上司として、あなたは多くの職務を負うことになるが、**あなたの第一の職務は、部下のコーチングである**。そうしなければ、上司として成功することはできないし、あなたの会社がアメリカで成功するチャンスを奪ってしまう可能性もある。

日本人と比べたとき、欧米人はもともと上司として優れているわけではない。しかし、うまくやっている欧米人上司は、コーチングが最重要の職務であることを理解しているものだ。だから、彼らはコーチングに力を注ぐ。

あるエピソードを紹介したい。この話を通じて、あなたの部下の立場から見たコーチングの価値を理解してもらえると思う。ニューヨーク市の商社に、アメリカの大学院で学んだ若い中国人女性の社員がいた。日本人の上司から、仕事をきちんとやっていないと言われてしまった、と彼女は私に言ってきた。君は仕事が遅すぎる、とその上司は言ったらしい。彼女は、問題解決のサポートを私に依頼した。

If they don't say, "managing my subordinates," then I tell them: "**You need to change what you are doing. Your work is very important. But what's even more important than your specific, technical work is managing your subordinates. If you don't do that, you should consider returning to Japan.**"

I'm very blunt about this! But that's because it is so important. It is really fundamental. As a manager you have many responsibilities. But **your first responsibility is to coach your employees**. If you don't do that, you will not be a successful manager and you can potentially harm your company's chances to be successful in the U.S.

Westerners aren't naturally better managers than Japanese. But successful Western bosses tend to understand that coaching is the most important responsibility they have—so they work on it.

I want to share a story with you, which, I think, will help you understand the value of coaching from the perspective of your subordinates. At a trading company in New York City, there was a young, female Chinese employee, who had taken her graduate education in the U.S. Her Japanese boss, she told me, had conveyed to her that she wasn't doing things right. She was too slow, he said. She

「上司はどう言ったのですか」と私は彼女に聞いた。「彼は具体的に言いましたか。きちんとしていない仕事ぶりの例をあげましたか」

彼女は言った。「いいえ。ただ、期待に応えていない、ということでした」

そこで私は聞いた。「**あなたの仕事に対してどのような期待をしているか、彼は具体的に知らせてきましたか**」

「いいえ」と彼女は言った。

もう一つの質問を試してみた。「**彼は、どうすれば改善できるか、フィードバックを行って、サポートしてくれましたか**」

「いいえ」と彼女はまた言った。

そこで私は提案した。「今度何かをするときは、上司に示して、これであなたの期待に沿っているかと聞いてみましょう。否定されたら、どうしたら改善できるか、たずねましょう。具体的な指示を求めてください」

彼女は言われたとおり何度か試してみた。しかしそれでも、彼女が求める具体的な回答は得られなかった。

さて、私は彼女の上司に会ったことはない。私が知っているのは彼女であり、彼女が上司をどう見ているか、ということだけである。だから、彼は実際には悪い上司ではないのかもしれない。しかし、彼女の話を聞くかぎり、彼は悪い上司であり、もっと言えば無能ですらある。

asked me for help with her situation.

"What has your boss told you?" I asked her. "Has he been specific? Has he given you any examples of what you are doing wrong?"

She said: "No. Just that I was not doing what he expects."

So I asked her: "**Has he let you know any specific expectations for your work?**"

"No," she said.

I tried one more question: "**Has he helped you with any feedback on how to improve?**"

"No," she said again.

So I made a suggestion: "Next time you do something, show it to your boss and ask him if this is what he expects. And if he says 'no,' ask how you can improve. Ask him for specific instructions."

She tried this a couple of times. But she still didn't get the specific answers she needed.

Now, I never met her boss. I only know her and how she sees him. So I could be wrong to say he is a bad boss. But to hear her story, he sounds like a bad boss, maybe even incompetent.

この若い女性については、とても優秀だと感じた。彼女の英語はすばらしく、アメリカの大学で学位を得ていた。意欲があるのは明らかだった、というのも私のところに助けを求めに来たぐらいだからだ。しかし、おそらく彼女は辞めてしまうだろう。とても残念である。というのも単に、上司が建設的なフィードバックを与えて、彼女が成長し、改善していけるようなコーチングをする気がないか、そのノウハウがないから、というだけだからだ。上司として、あなたは才能ある人材を失いたくないはずだ。**不適切なマネジメントスタイルのために才能ある人材を失うのであれば、駐在員としての成功への大きなさまたげになるし、会社のためにもならない。**

As for this young woman, I thought she was pretty bright. She spoke good English and had a master's degree from an American university. She was obviously motivated, since she came to me for help. But it's likely she will quit. And that is a shame, all because her boss is either unwilling or perhaps lacks the know-how to give constructive feedback and coach her in ways that will enable her to grow and improve. As a boss you don't want to lose talent. **If you are losing talent because of your inadequate management style, that is a real hindrance to your success as an expatriate and is not serving your company well.**

グローバルビジネス・Tips #9

☑ **マネジメント層の第一の職務は、部下のコーチング。**

→ 自分自身の具体的な、テクニカルな仕事よりもさらに大切なのは、部下をマネジメントすること。

☑ **部下の仕事に対してどのような期待をしているか、具体的に知らせる。**

- ✓ 部下が悩んでいるときに、どうすれば改善できるか、フィードバックを行って、的確にサポートする。

- ✓ 不適切なマネジメントスタイルのために才能ある人材を失うのであれば、駐在員としての成功への大きなさまたげになるし、会社のためにもならない。

10 フィードバックを与える

フィードバックを与えることは、上司として成功する上でとても重要である。残念ながら、よいフィードバックを与えるのは容易ではない。私はコンサルタントの経験が30年以上あるが、適切なフィードバックを与えるのは、上司の仕事の中でも最も難しいものの一つであることを知っている（フィードバックとは、与えることと受け取ること、つまり双方向であることを忘れてはならない）。

これは、日本人の上司だけの問題ではない。ほとんどの上司は、エスニシティや背景にかかわらず、ビジネスにおけるこの重要な側面で大変な思いをしている。私の経験では、適切なフィードバックを与えるのは、大半の上司にとって一番の弱点となるスキルである。日本人の上司も例外ではないし、海外で働くときは特にそうだ。

特に、**日本人上司は、ポジティブなフィードバックを与えることが少ない**。期待通りのことをやったときには、賞賛したり認めたりする必要はない、というのが日本の常識である。この常識は、多くの文化で見られるもので、こう考えたからといって、問題がある、ということではない。

しかし**海外では、ポジティブなフィードバックを行うことはとても重要である**。たとえばアメリカ人は、やって当たり前の仕事

Giving Feedback

Giving feedback is critical to a manager's success. Unfortunately, giving good feedback is not easy. I have worked for over 30 years as a consultant, and I have found that giving appropriate feedback is among the most difficult managerial responsibilities. (Feedback, remember, means giving and receiving it; feedback should be a two-way street.)

This is not just a problem for Japanese managers. Most managers, whatever their respective ethnicities or backgrounds, have trouble with this very important aspect of their work. In my experience, giving appropriate feedback is the weakest skill of most managers, including Japanese managers—especially when they are working overseas.

In particular, **Japanese managers don't often give positive feedback**. Their common sense is this: If you do what is expected, there is no need for praise or recognition. Actually, many cultures have this common sense. There's nothing wrong with this thinking.

However, **outside Japan, positive feedback is very important**. Americans, for example, expect praise or, at

であっても、仕事を完了したときに、賞賛や、軽い「ありがとう」という言葉を期待する。レポートを提出したときに上司が「ありがとう」と言わなければ、ネガティブな感情が生まれるかもしれないし、少なくとも何かが足りないような気分になる。

「ありがとう、ジョン、ちょうど間に合ったよ」と言うのは簡単なことだ。だから、そう言ってみたらどうだろう。**何かのプロジェクトで、期待以上に本当にすばらしい仕事を誰かがしたとしたら、相手にそう伝えてあげるのがベストだ。その時こそが、ポジティブなフィードバックを伝えるのに最高にふさわしいタイミングである。**

たとえば、こう言ってみよう。「**このプロジェクトでの君の働きぶりには本当に感謝している。プロジェクトの成功に本当に貢献してくれた。部署のためにも会社のためにもよかった**」

こう言うことで、あなたの部下は、あなたが彼らの仕事のことを知っていて、理解しているだけでなく、仕事ぶりを評価してくれているとも感じてくれる。これは、難しいことではない。それに、いろいろなポジティブな感情、とりわけモチベーションを作りだしてくれる。

私自身の経験では、日本人の上司は、ポジティブなフィードバックよりネガティブなフィードバックを与える傾向にある。ネガティブなフィードバックもたしかに重要だ。

しかし、ネガティブなフィードバックを行うのが怖い、と私に

least, a light "thank you" on completing a task, even one that is expected. If you hand in a report and the supervisor doesn't say thank you, there can be a negative feeling, as if, at the very least, something were lacking.

It is easy to say: "Thank you, John. This is right on time." So why not say it? **If someone has done really, really well on a project—beyond what was merely expected—it's best to tell him or her. That would be an especially appropriate moment for giving positive feedback.**

For example, you can say: "**I really appreciate your work on [this project]. It really helped the project succeed. It's been good for our department and for our company.**"

Saying this makes your subordinates feel that you not only know and understand their work but also that you appreciate it. It isn't a hard thing to do. And it creates a sense of motivation, among other positive feelings.

In my experience, Japanese managers give more negative feedback than positive feedback. Actually, negative feedback is important, too.

However, some Japanese have told me that they are

言ってきた日本人もいる。彼らは、欧米人が怒り出すのではないかと恐れているので、ポジティブなフィードバックもネガティブなフィードバックも行わない。しかし上司として、あなたはフィードバックを行わなければならない。フィードバックを行うことを、コーチングだと考えてみよう。コーチングは、上司として最も重要な役割であることを忘れてはいけない。

　異文化研修では、私はいつもロール・プレイを用いる。研修参加者が日本人のアメリカ駐在員の場合には、たとえば、現地従業員が与えられた仕事を適切に行わなかったというシナリオを用いる。私が従業員役になり、日本人の研修参加者が私の上司役を演じる。彼の目的は、適切な行動を取らなかったことを私に伝えて、正しく仕事をするようにコーチングすることである。このような状況でうまく立ちまわるのは、多くの日本人駐在員にとってはたいへん難しい。彼らが経験してきた領域の外にある状況であり、ストレスを感じるからである。彼らのほとんどは、何をすべきか、どうやったらいいかが、まったくと言っていいほどわからない。この手の状況に対するトレーニングを、アメリカで新しい地位に就く前にまったく受けていないからだ。

　ここで一つ提案がある。「クッキー法」を用いることだ。これは、欧米のビジネス界の多くで普通に行われている（もっとも、欧米の上司が、この種のフィードバックを与えるスキルを等しく備えているわけではない）。**ポジティブなことからフィードバック**

afraid to give negative feedback. They are afraid that the American or European will get angry. So they don't give any feedback, positive or negative. But as a manager, you need to give feedback. Think of giving feedback as coaching. Coaching, remember, is your most important managerial role.

I always use roleplaying in cross-cultural training sessions. When the training participants are Japanese expatriates in the U.S, we will use, for example, a scenario in which a local employee hasn't performed an assigned task correctly. I will play the role of the employee, while one of the Japanese training participants will play the role of my boss. His objective is to tell me what I've done wrong and to coach me to do it right. Dealing properly with such a situation is a real challenge for many Japanese expatriates, because it is beyond the realm of their experience and is, therefore, stressful. Most of them have little sense of what to do or how to go about it. They get no training on that kind of situation prior to taking up their new position in the U.S.

Here's a recommendation: Use the "cookie method." This is common practice in much of the Western business world (even though Western managers are not uniformly skilled at giving such feedback). **Start the feedback with**

をはじめて、最後もポジティブな内容で締めくくる。中間部、クッキーの中身の部分に、ネガティブ、あるいは建設的なフィードバックを交える。

このような言葉で始めてみよう。「ジョン、君がやってくれている仕事を私は本当に評価している」

次の話の進め方は2つのオプションがある。一つは、部下への質問だ。例えば、「ジョン、このプロジェクトで君がやってきたことをどう思うかい」すると、非常に多くの場合、部下は自分が改善すべき部分をピンポイントで答えてくる。一言で言えば、**彼らに自己評価するように依頼すると、彼らは、あなたの代わりに自分自身でフィードバックを行って、あなたの仕事を代わりにやってくれる**。このフィードバック法は、本質的にストレスがない。

私は、このアプローチの方が好きだが、もっと直接的なやり方を好む上司もいる。例えば、「ジョン、このプロジェクトでは、最初の部分はうまく行ったけれども、今僕たちがやっている二番目の部分については…もっとうまくやれると思う。どうしたらいいか説明してみよう」といった言い方だ。場合によっては、一回のフィードバックで両方のアプローチを取る必要がある。

ここで、日本人の上司の多くは失敗する。**相手にどうしたらいいかを示さないからだ**。日本では、「どうしたらいいか」という部分を説明するのは、多くの場合同僚の役割である。しかし欧米では、これは上司の役割である。

something positive and end with something positive. In the middle—the filling of the cookie—put the negative or constructive feedback.

Start with something like this: "John, I really appreciate the work you've been doing."

Next, you have two possible ways to proceed. One is to ask a question of your subordinate. For example, "John, how do you think you did on this project?" Quite often, the subordinate will respond by pinpointing his or her own area for improvement; in short, **by asking them to self-assess, they can do your work for you by coming up with their own feedback**. This method of giving feedback is essentially stress-free.

I prefer that approach. But other managers prefer something more direct, saying, for example: "John, you know, on this project, you did the first part of it pretty well, but then the second part right here ... I think we can improve that a little bit. And here's how." Sometimes both approaches may be necessary in one feedback session.

At this point a lot of Japanese managers fail, because **they don't show you how**. In Japan it is often the role of the co-workers to explain the how-to part. But in the West, it's the role of the boss.

だから、日本人の上司に申し上げたい。**部下の評価をするのに、年一回のパフォーマンス・レビューまで待っていてはいけない。**そんなやり方では、上司として失格である。パフォーマンス・レビューで驚くようなことがあってはならない。もしそのようなことがあれば、上司失格ということになる。

　フィードバックは、年に数回ではなく、日々つねに行われるべきものである。**フィードバックは毎週、あるいは毎日行わなければならない。**あなたと部下との間で交わされる、継続的な会話のようなものであるべきだ。部下に、うまくやれたこと、どうしたら改善できるかを伝えよう。そうすれば、仕事の成果はすばらしいものになるだろう。

　しかし、次のことを忘れてはならない。**フィードバックは公にするべきものではない。その人ひとりに対して、直接、プライベートに伝えるようにしよう。**

　日本では、集団の前で一人を非難するのが普通である。これは、一人が集団全体の代表だからである。したがって、その非難は実際にはグループ全体に向けられているものだ。しかしアメリカでは、このやり方はおすすめしない。というのは、みな個人として扱われ、個人として評価されることを期待しているからだ。だから、フィードバックはすべてプライベートに行う必要がある。

　もちろん、部署全員を集めて、みんなに向かってこう言ってもよい。「みなさんが本当にすばらしい仕事をしていること、私が感

So I tell Japanese managers: **You can't wait until the yearly performance review to evaluate your subordinates.** You are failing as a manager if you do this. There should be no surprises at the performance review; if there are, you've failed as a manager.

Feedback is something that should be happening all the time—not just a few times a year. **You have to do feedback weekly, daily.** It should be an ongoing conversation occurring between you and your employees. Tell them what they've done well and how they can improve. And the work results can be excellent.

Keep this in mind, though: **Feedback shouldn't be public. Just give it directly and privately to one person.**

In Japan, it is common to give criticism to one person in front of the group. This is because the one person is representative of the whole group. So the criticism is really meant for the group. However, in the U.S., this isn't recommended, because people expect to be treated as individuals and to be evaluated as individuals. So any feedback needs to take place in private.

Of course you can get your department together and say to everyone: "I just want to let you know that you're

謝していることを伝えたいのです」しかし、**個人の評価は、上司と部下との間でプライベートに行われるべきものである。**これは、日本と欧米の文化における基本的な違いである。

　上司と部下との関係をあまり厳しく、フォーマルにしすぎない方がよいと私は思っている。会社では、誰も私のことを「ボス」や「ミスター」とは呼ばない。私は部下に対して、対等な同僚のように話しかけたいと思っている。この点では、一般にアメリカ人は日本人よりもインフォーマルである。

　もう一つ加えておきたい。**部下にフィードバックを求めてみよう。あなたが上司としてうまくやれているかどうか、たずねてみるといい。**よりよい上司になるために、部下に助けてもらおう。上司は、自分の行動について多くを分かっているかもしれないが、すべてのことに気づいているわけではない。上司の側も学べることがあるのだ。実際のところ、私たちはすべて、つねに改善する能力を備えている。頂点にたどり着いたとしても、つねによりよい存在になることができるのだ。

doing a really great job and I appreciate that." **But individual evaluation is an activity that should occur privately, involving supervisor and subordinate.** That is a fundamental difference between Japanese and Western cultures.

I prefer a boss-and-subordinate relationship that is not too strict or formal. Nobody in my company calls me "boss" or "mister." I prefer to talk to my subordinates like colleagues who are equals. In this regard, Americans in general are a little less formal than Japanese.

Here's one more point: **Ask your employees for feedback. Ask them how you're doing as a manager.** Let them help you be a better manager. Managers may know a lot about what they do, but they don't know everything. They can learn too. In fact, all of us are capable of improving all the time. Even when you reach the top, you can always improve.

グローバルビジネス・Tips #10

✔ **フィードバックを与えることは、上司として成功する上でとても重要。**

✔ **日本人上司は、ポジティブなフィードバックを与えることが少ない。**
- ➡ 海外では、ポジティブなフィードバックを行うことはとても重要。

✔ **適切なフィードバックの仕方「クッキー法」**
- ➡ ポジティブなことからフィードバックをはじめて、最後もポジティブな内容で締めくくる。中間部、クッキーの中身の部分に、ネガティブ、あるいは建設的なフィードバックを交える。

☑ 「どうしたらいいか」という部分を説明するのは、欧米では、上司の役割である。

☑ 部下の評価をするのに、年一回のパフォーマンス・レビューまで待っていてはいけない。
　➡ フィードバックは毎週、あるいは毎日行わなければならない。

☑ フィードバックは公にするべきものではない。その人ひとりに対して、直接、プライベートに伝えるようにしよう。

☑ 個人の評価は、上司と部下との間でプライベートに行われるべきもの。

# Chapter 4

会議やプレゼンで評価される
シンプルな方法

11 会議で発言する

海外での会議で、日本人がよく発言をためらっているのに私は気がついた。おそらく、個人より集団を優先するマインドセットが、欧米人とは異なるからかもしれない。**日本人はよく、コンセンサスを得ることを気にしすぎている**。日本以外では、ビジネス・マインドセットは異なるものであり、コンセンサスを得たいという欲求は日本ほど強くはないということを日本人駐在員が理解すれば、状況は改善するかもしれない。

日本人がこのことを理解すれば、海外では常識となっている期待に応えて、自分の行動を調整することができるかもしれない。少なくとも、海外での会議に上手に参加できるようになるだろう。

しかし、日本人が他の問題にも直面しうることを、私は理解している。それは、マインドセットだけではなく、タイミングの問題でもある。

アメリカに働きに来た日本人重役の話をしよう。彼に私が会ったのは、彼がニューヨーク市に来て1カ月経ったときだった。彼をコーチングするのが私の仕事だった。

私は彼に聞いてみた。「今までで一番大変だったことは何でしょうか。アメリカで1カ月過ごして、何が大変だと思いますか」彼

Speaking Up During Meetings

In meetings outside Japan, I find that Japanese often hesitate to speak up. Perhaps because their mindset—group over individual—is so different from that of Westerners, **the Japanese are often too concerned about consensus**. It might help if Japanese expatriates understood that the business mindset outside Japan is different, that the desire for consensus is not as strong as in Japan.

If the Japanese understood that, they might be enabled simply to adjust their behavior to accord with the expectations that prevail in the rest of the world. This would, at the very least, help Japanese participate better in meetings overseas.

But I understand that Japanese may encounter other difficulties, too. Sometimes it is not about mindset but about timing.

Let me tell you about a Japanese executive who came to the U.S. to work. I met him after he had been in New York City for one month. It was my job to coach him.

I asked him: "What has been your biggest challenge so far? After one month in the U.S., what do you find

は、会議が大変だと言った。

　私はこう聞いてみた。「英語についていくのが大変ですか」

　彼は言った。「いや、別に」実際、彼の英語はなかなか上手だった。では、何が問題なのだろうか。

　彼が言ったのは次のようなことだ。「英語自体は問題なくついていけている。議論が私の仕事の分野の話になってくると、自分も発言したいと思う。聞いたことに答えて、論点を付け加えたいし、賛成や反対をしたい。しかし、アメリカ人はどんどん話を進めてしまう！ 発言する準備ができたころには、別の話題、別のテーマの話をしているのだ」

　その光景がまるで目に浮かぶように思った。確かにアメリカ人は、できるだけ早く物事を片付けたがる。では、日本人として、どうやってこの状況に対応すればよいのだろうか。

　アメリカ人に、**ペースダウンするように頼んでみよう**。彼らにとっては、早く動くことが重要かもしれないが、彼らがあなたの意見を聞くことも重要である。**アメリカ人や他の欧米人は、日本人の同僚にとっては早すぎるスピードで進んでいることに、おそらく気づいていないだろう。** だから、ペースダウンするように頼んでも、まったくかまわない。そう伝えたら、彼らの側でも、早く進めすぎていることに気づくだろう。あなたが何も言わなければ、彼らには絶対にわからない。

　欧米では、発言は一人ひとりの責任である。他人があなたのニー

difficult?" He told me that he had difficulty with meetings.

I asked: "Are you having difficulty following the English?"

He said: "No, no." In fact, his English was pretty good. So what was the problem?

This is what he said to me: "I'm following the English well enough. Then, when the discussion comes to my area of responsibility, I want to say something. I want to respond to what I've heard. I want to add a point, to agree or disagree. But the Americans move so quickly! By the time I am ready to say something, they've moved on to another topic. They're talking about another subject already."

I can easily imagine this situation. Americans certainly like to get things done as quickly as possible. So how, as a Japanese, to deal with this?

Ask the Americans to slow down. It may be important to them to move quickly. However, it is also important for them to hear your thoughts. **Americans, and other Westerners, probably don't realize that they are moving too quickly for their Japanese colleagues.** So it is perfectly all right to ask them to slow down. If you tell them, they will understand that they are going too fast. If you don't say anything, they may never know.

In the West, it is every individual's responsibility to

ズを察してくれるなどと期待してはいけない。相手に対してアピールする必要があるのだ。

だから、ただ手を上げて、「すみません、発言をしたいと思います」あるいは「今の議論に付け足したいことがあります」と言えばよい。

言いたいことの準備ができていなくても、間髪入れずにこう言うようにしたい。こうすることで、会議に出席した他の人々の注意を引き、あなたが何かを言いたい、ということをわかってもらえる。

その間に、少し時間かせぎができる。手を上げている間に、言うべき言葉を準備し、それから息を吸って話を始めよう。

話の間に、言いたいことについて考えをめぐらせてみよう。これが欧米人のやり方で、**自分の考えをクリアにして、完全に準備している人は、まずいない。**ほとんどの人は、完全な準備はしない。欧米人が会議に参加するときは、言いたいことをしっかり準備するということはまずなく、むしろ、**考えながら話をしている。話をしているときに、頭のなかで考えをひねり出しているのだ。**

考えも言葉づかいも、完璧である必要はない。とにかく考えや意見を発信してみよう。一般的に言って、これが会議に参加する最良の方法である。

さらに、**自分が耳にしたことについて、賛成や反対をすること**

speak up. You can't expect someone else to anticipate your needs. You need to tell them.

So simply raise your hand and say: **"Excuse me. I'd like to say something here."** Or: **"I would like to add another point to this discussion."**

Say this immediately, even if you don't have your words ready yet. This will get the attention of the other people in the meeting. They will know that you want to say something.

This will also buy you some time. While you are raising your hand, get your words ready. Then, take a breath and begin to talk.

Think through your point while you talk. This is what Western people do. **Very few people will have their ideas all completely clear and perfectly planned.** It's not the way most people think. It is certainly not the way most Western people participate in meetings. Rather, **they talk as they think**. **While they're talking, they are working out their ideas in their heads.**

Neither your idea nor the words you use need to be perfect. Just put your idea or your opinion out there. This is generally the best way to participate in a meeting.

In addition, I recommend **agreeing or disagreeing with**

を勧めたい。誰かがよい指摘をしたら、その旨を伝えよう。誰かの発言が気に入ったら、たとえば、「**なるほど、スティーブン。君はいま、とても重要なことを言ってくれたね。まったく同感だ**」と言ってみよう。こう言えば、会話についていっていることや、議論がポジティブであると考えていることを示すことができる。

それでは、反対の意見を持っていたときはどうだろう。黙っていることは勧めない。**自分の意見をはっきり言うべきだが、建設的で、なおかつ礼儀正しく聞こえるように言わなければならない**。こう言ってみよう。「**スティーブン、とてもいい指摘をしてくれたね。プロジェクトにとってとても重要なことだと思う。でも、私は別の考えがひとつあって、それを説明してみたいと思う**」

そして、あなたの考えを伝え、どこがなぜ反対なのかを説明する。**意見を伝達し、自分の見解を会話につけ加えることが重要である**。そこでシャイになる必要はない。意見が違うからといって、腹を立てるような欧米人はいないし、むしろあなたの意見を喜んで聞くだろう。

さて、意見が異なる相手が上司だったらどうだろうか。日本では、上司が望んでいるであろうことに逆らいたくはない、という心理が働くかもしれないが、**欧米では、たいていの上司は、部下が率直に反対意見を述べることを期待している**のだ。

what you have heard. If someone makes a good point, tell him or her. If someone says something you like, say, for example: "**You know, Steven, that point that you just made is very important and I completely agree.**" That shows you have been following the conversation and find it to be positive.

On the other hand, what if you disagree? I do not recommend keeping quiet. **You should express your opinion. But you can say it in a way that sounds constructive and polite.** You can say something like this: "**Steven, you've made a really good point. And I think it is very important for our project. But I have one other consideration that I would like to explain.**"

Then explain your point. Explain what you disagree about and why. In short, **give your opinion. It is important to add your insight to the conversation**. No need to be shy. No American or European is going to be angry with you because you have a different point of view. They will be happy to hear your opinion.

But what if the person with whom you disagree is your boss? In Japan, you probably don't want to go against what you think the boss wants. But **in the West most bosses expect you to register your disagreement openly**.

グローバルビジネス・Tips #11

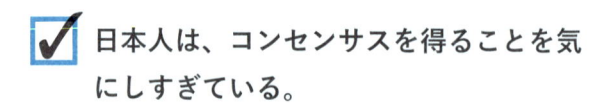

☑ **日本人は、コンセンサスを得ることを気にしすぎている。**

☑ **相手の話し方が早すぎるときには、ペースダウンするように頼んでみる。**

→ アメリカ人や他の欧米人は、日本人の同僚にとっては早すぎるスピードで進んでいることに、おそらく気づいていない。

☑ **欧米人で自分の考えをクリアにして、完全に準備している人は、まずいない。**

→ 話をしているときに、頭のなかで考えをひねり出しているのだ。

- ✅ 自分が耳にしたことについて、賛成や反対を表明すること。

- ✅ 自分の意見をはっきり言うべきだが、建設的で、なおかつ礼儀正しく聞こえるように言わなければならない。

- ✅ 意見を伝達し、自分の見解を会話につけ加えることが重要。

- ✅ 欧米では、たいていの上司は、部下が率直に反対意見を述べることを期待している。

12 説得力のあるプレゼンをする

キャリアに大きな影響を与える、ある種のスキルがある。その一つが、説得力のある、すぐれたプレゼン能力である。**多くの日本人は、プレゼンのスキルを練習する必要がある。**よいプレゼンであるためには、商品やアイディア、プロジェクトを「売り込む」必要がある。

欧米では、幼い時からプレゼンのスキルを学習する。学校でプレゼンの練習をするので、多くの欧米人は、シャイであっても、聞き手の前に立っても、リラックスしてプレゼンを行うことができる。もちろん、プレゼンをするときに、あがったり、ストレスを感じたりする人も中にはいる。

しかし、プレゼンは必要なことであり、プレゼンのスキルが重要であることに異論を唱える人はいない。だから、あがり症の人は、人一倍練習しなければならないことを知っているし、ほとんどの人は、練習を通じてプレゼンのハードルが下がることを、身にしみてよく理解している。

では、どうすればよいプレゼンができるのだろうか。スタンダードな基本原則を、いくつか上げてみたい。

たいていの欧米諸国では、プレゼンは次のように始まる。「**ご出席ありがとうございます。お忙しい中、会議にご出席いただいた**

Making a Persuasive Presentation

Certain skills can have a great effect on your career. One of them is the ability to give a good, persuasive presentation. **This is a skill that many Japanese need to practice.** A good presentation is necessary to "sell" your product, your idea or your project.

In the West, we learn presentation skills from an early age. We practice giving presentations in school. As a result, many Westerners, even if they are shy, can feel comfortable standing in front of an audience and giving a presentation. Of course, there are still some people who get nervous or feel some stress when they must give a presentation.

However, everyone agrees that presentations are necessary and that presentation skills are important. So those people who get nervous know that they must practice extra hard. Most people find, too, that it gets easier with practice.

So what makes a good presentation? Here are a few standard ground rules:

In most Western countries, a presentation starts like this: "**Thank you for coming. I know you have a busy**

ことを感謝します」

次に、会議のテーマを発表する。「**今日は、新しいマーケティングの計画についてお話します**」

そして、概要を簡単に説明しよう。ポイントを列挙して、質問やコメントをするよう呼びかける。「**私のプレゼンは約20分です。ポイントは3点です。終了後に、質問やコメントの時間を設けております**」

欧米人は、プレゼン中に質問やコメントをすることが多いことを忘れないでおこう。これは、欧米の文化では失礼には当たらないから、ネガティブに受け取らないようにしたい。あなたが何か間違ったことをしたわけではなく、ただ、その人が情報を付け加えたいだけなのだ。

しかし、**プレゼンの終わりまで質問やコメントを差し控えてもらうように会議の参加者にお願いしても、まったく問題ない**。そのときは、こう言えばよい。「ご質問やコメントは、できればプレゼンの最後に頂戴したいと思います。最後に時間をもうけております」最初にこのように言っておくのがベストで、そうすれば、全員が会議の進め方をはっきり理解できる。

プレゼンはこのように始めるが、本論に入ったらどうなるのだろうか。

日本のプレゼンスタイルと、欧米のプレゼンスタイルは、まっ

schedule. So I appreciate you coming to this meeting."

Next, announce the subject of the meeting: "**Today I would like to talk about our new marketing plan.**"

Then, give a brief outline, including an enumeration of your points and an invitation to ask questions and make comments: "**My presentation will take about 20 minutes. I have three main points. After I'm finished, I would like to have time for questions and comments.**"

Keep this in mind: **It is common for Westerners to ask questions and to make comments during a presentation**. This is not rude in Western culture. Don't think of it as something negative. It doesn't mean you did something wrong. It just means that someone wants more information.

Nevertheless, **it is completely acceptable to ask the meeting participants to hold their questions and comments until the end of your presentation**. You can say: "I'd prefer to have questions and comments at the end of the presentation. We'll have time for them then." It is best to say this at the beginning so the meeting process will be clear to everyone.

That is how to begin a presentation. Now, let's consider what goes into one.

Japanese presentation style and Western presentation

たく異なっている。欧米スタイルのプレゼンのポイントは、説得型であり、説得という目的を達成するために、キーポイントが最初に来る。だから、**まず結論、つまりキーポイントから始めるのがベストである。結論をクリアに言ってから、なぜこれがキーポイントなのか、一つなり複数なり理由をあげる。**

たとえば、「**キーポイントは…です**」と言い、次に、「**これがキーポイントである理由は…です**」と言う。それから理由を述べていこう。ここで述べる理由は、明快でクリアなものである必要があり、どちらとも取れる、あいまいな要素を排除していなければならない。あなたの挙げた理由がどちらとも取れるあいまいなものであったら、欧米人は納得しないし、説得もされないだろう。

プレゼンをクリアにする方法をいくつか紹介しよう。

時間に関することを話すときは、日付を述べるようにする。例えば、プロジェクトの完了、製品の引渡しの日付を伝えるようにしよう。過去に起こった出来事の日付や、次のステップの今後の完了希望日、あるいはその両方について、正確な日を挙げるようにする。「以前」「これから」といった、あいまいな表現を使わないようにしよう。正確な日を挙げられなければ、月や年の単位を使う。しかし、可能な限り正確に言うべきだ。

金額についても同様だ。正確な数字を使う。「大金」などと言ってはいけない。代わりに、「50万ドル」あるいは「これは200万ドルのプロジェクトになるだろう」と言おう。また、**提案したプ**

style can be quite different. The point of a Western-style presentation is to be persuasive. To achieve this, the main point comes first. **It is best, therefore, to start with your conclusion, which is your main point. State it clearly, then state your reason or reasons why it is your main point.**

Say: "**My main point is....**" Next, say: "**The reason this is my main point is....**" Then give your reasons. Your reasons need to be crisp and clear and devoid of ambiguity and vagueness. Westerners will not be convinced or persuaded, if your reasons are ambiguous or vague.

Here are some ways to make your presentation clear:

When you are talking about time, give dates. Give the date, for example, when a project will be completed or a product delivered. Give the exact date of something that happened in the past and/or when you expect the next step to be completed in the future. Don't just use vague expressions like "in the past" or "in the future." If you can't give an exact date, use months or years. But try to be as exact as possible.

The same is true for money: Use exact numbers. Don't say "lots of money." Instead, say "$500,000" or "This will be a $2,000,000 project." Also, **give the names of the**

ロジェクトに関する作業に責任を負う人たちや部署の名を挙げるようにする。

こういった詳細を加えることで、とてもクリアなプレゼンになる。プレゼンがクリアになれば、受ける質問も少なくなる。クリアなプレゼンをすれば、あなたの話を聞いてくれる人に対して、問題に対するあなたのアプローチがベストであると説得できる能力が高まる。

プレゼンの最後に、キーポイントを繰り返そう。ここまでくれば、なぜそれがキーポイントなのかを全員が理解しているし、きっと、なぜそのキーポイントがよいものなのかも理解しているはずだ。このモデルに従えば、よい、説得力のあるプレゼンを行うことができるようになる。

一つヒントを出しておきたい。プレゼンを練習するべきだ。いわゆる「リハーサル」をやってみる。**プレゼンのスキルがプロのレベルになるまで、全員がこのリハーサルをするべきだ**。練習なくして、よいプレゼンを行うことはできない。

プレゼンのリハーサルの方法は以下のとおりである。**鏡の前に立って、プレゼンテーションをする、あるいは同僚に聞いてもらえないかと頼むようにしよう**。後者はとくに役に立つ。同僚はフィードバックを与えてくれるからだ。そうすれば、多少なりとも改善することができるし、練習を通じて、自信もつくだろう。

アドバイスをもう一つ。**やってはいけないことは、英語が「十

people and the departments who are accountable for work on the proposed project.

By adding those kinds of details, your presentation will be very clear. And the clearer your presentation, the fewer questions you will be likely to receive. Giving a clear presentation simply increases your ability to persuade those who listen to you that your approach to the issue is the best one.

At the end of the presentation, repeat your main point. By now, everyone should understand why it is your main point and, certainly, why your main point is a good one. If you follow this model, you will be able to make a good, persuasive presentation.

Here's a tip: Practice your presentation. Do what we call a "dry run." **Everybody should do this, until one's presentation skills at a professional level.** No one can give a good presentation without practice.

Here's how to do a dry run: **Stand in front of a mirror and give your presentation. Or ask a colleague to listen.** This can be especially helpful. Your colleague can give you some feedback. Then, you can make some improvements. Through practice, you will gain confidence.

And here's another tip about what you shouldn't do:

分ではない」と心配することだ。クリアで説得力があれば、あなたの英語はそれで十分である。英語力がないからといって謝る必要はない。多くの日本人は実際にそう言ってしまうが、言わないほうが良い。私もよく、日本人が英語のことで謝るのを耳にすることが多いが、そう言っている人も、言いたいことを伝える能力は十分にある。

　英語で話すときには、文法的に正しいかどうかを心配する必要はない。むしろ、ポイントをはっきりさせること、説得力あるプレゼンをすることにフォーカスしたい。 これが最も重要である。

Do not worry about your English being "good enough."
If you are clear and persuasive then your English is good enough. There is no need to apologize for your English ability. Many Japanese do this, and it is not necessary. I often hear Japanese apologize for their English, but their ability to communicate what they want to say is just fine.

No need to worry about the grammatical correctness of your English. Instead, focus on making clear points, on making a persuasive presentation. That is the most important thing.

グローバルビジネス・Tips #12-1

☑ **多くの日本人は、プレゼンのスキルを練習する必要がある。**

☑ **プレゼンの流れ**

1 冒頭の挨拶「ご出席ありがとうございます。お忙しい中、会議にご出席いただいたことを感謝します」

2 会議のテーマを発表「今日は、新しいマーケティングの計画についてお話しします」

3 概要を簡単に説明「私のプレゼンは約20分です。ポイントは3点です。終了後に、質問やコメントの時間を設けております」

→ 欧米人は、プレゼン中に質問やコメントをすることが多いことを忘れないでおこう。プレゼンの終わりまで質問やコメントを差し控えてもらうように会議の参加者にお願いしても、まったく問題ない。

4　本論　まず結論、つまりキーポイントから始めるのがベストである。結論をクリアに言ってから、なぜこれがキーポイントなのか、一つなり複数なり理由をあげる。「キーポイントは…です」と言い、次に、「これがキーポイントである理由は…です」と言う。それから理由を述べていこう。

✅ 時間に関することを話すときは、日付を述べるようにする。

✅ 金額についても正確な数字を使う。

✅ 提案したプロジェクトに関する作業に責任を負う人たちや部署の名を挙げるようにする。

グローバルビジネス・Tips #12-2

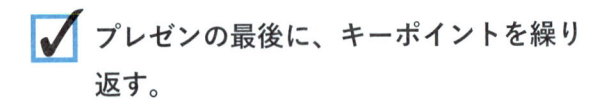

☑ プレゼンの最後に、キーポイントを繰り返す。

☑ 練習なくして、よいプレゼンを行うことはできない

→ 鏡の前に立って、プレゼンテーションをする、あるいは同僚に聞いてもらえないかと頼む。

☑ やってはいけないことは、英語が「十分ではない」と心配すること。

→ 英語力がないからといって謝る必要はない。

☑ 英語で話すときには、文法的に正しいかどうかを心配する必要はない。むしろ、ポイントをはっきりさせること、説得力あるプレゼンをすることにフォーカスしたい。

Chapter 5

グローバルに行動する

13 グローバルな基準を設定する

「グローバル」なビジネスの意味について話をしたい。これは、みなさんの会社が世界中で業務をしているという意味だけではない。真のグローバルなビジネスは、グローバルに考えて行動しなければならない。

「グローバルに考えて行動する」とは、多くのことを意味する。**たとえば、世界中で、関連会社1社や2社のことだけを考えればナンセンスであっても、関連会社を含むあなたの会社全体について考えれば最も合理的となるような場所から原材料を調達するようなことである。**この種の戦略的決定が、社内の誰にとっても、どんな主体にとっても意味を持たない場合もある。しかし、関連会社の大半、つまり、会社全体を考えれば合理的となる場合には、その決定を下すほうがはるかに費用対効果が高くなる。

また、**真にグローバルになるとは、あなたの会社が存在する場所であれば世界中どこに行っても、同じ会社のITシステム、あるいは同じ会社の業務規則やポリシーに基づいて仕事ができるという意味である。**さらに、これらのシステムを用いて、これらの規則やポリシーに従うことで、仕事をスムーズに、効果的に済ませることができる。

もう一つ考えなければならないことがある。それは、新しいコ

Setting Global Standards

I'd like to talk about what "global" business means. It doesn't mean merely that your company has operations all over the world. A truly global business must think and act globally.

That means many things. It means, **for example, that you might source materials from a particular part of the world that makes the most sense for your company as a whole, including subsidiaries, even if it makes little sense for one or two of the subsidiaries**. Such a strategic decision might not make sense for everyone or for every entity in the company. But if it makes sense for most of your subsidiaries—i.e., for the company as a whole—you will find that it could be far more cost effective.

To be truly global also means that you can go anywhere in the world where your company is present and expect to operate with the same company IT systems and the same company standards and policies. And, using those systems and following those standards and policies you can get your work done smoothly and effectively.

Here is something else we must think about: new

ミュニケーション技術である。**新しいデジタルコミュニケーション技術により、真のグローバル・ビジネスが可能となっている。**現在では、遠距離コミュニケーション、リモート・コミュニケーションが可能になり、顔を突き合わせる必要はない。しかし、これらの新技術は新しい課題をもたらしている。どのようにすればこれらを効果的に使うことができるのだろうか。成功のチャンスを増やせる方向で使うにはどうすればいいだろうか。

そのカギは、利用基準を設けることである。これは何を意味するのだろうか。

ここで、とても重要な提案をしたい。**世界中すべての場所で、同じ IT システムを構築すれば、どこに行っても困らない。**サウジアラビア、スペイン、ブラジル、アメリカ、日本、どこに行ってもコンピュータをつなげば、世界中のあらゆる拠点と同じシステム上にすぐにつながる。これで、コミュニケーション、もっといえばビジネス全般が、ぐっとスムーズに、効果的になる。

ビル・ゲイツが言ったように、デジタル・ファイルを探すのに60秒以上かかるなら、そのファイルシステムはよくない。いいかえれば、あなたのシステムが効率的でなければ、貴重な時間を失っていることになる。

提案はもうひとつある。**e メールを書くときに、ひな形を決めよう。**e メールはどういうものがいいのだろうか。長い説明があっ

communication technologies. **New digital communication technologies make truly global business possible.** Now we can communicate across great distances. We can communicate remotely, not just face to face. But these new technologies bring new challenges. How can we use them effectively? How can we use them in a way that improves our chances of success?

The key is to set standards for their use. What does this mean?

Here is a critically important suggestion: **Make sure that you have an IT system that is the same all around the world. If you have this, then you can go anywhere.** You can go to Saudi Arabia or Spain or Brazil or the U.S. or Japan and plug your computer in and be instantly on the same system with your global counterparts, wherever they may be. This will make communication—and business in general—run a lot smoother and more effectively.

As Bill Gates has said: If it takes more than 60 seconds to find a digital file, you have a bad filing system. In other words: if your system is inefficient, you are wasting precious time.

Here is another suggestion: **Set a standard for writing email.** What should an email look like? Should it have

たほうがいいのか、短い箇条書きだけがいいのか。ひな形があれば、全員が同じページを用いて書くことになり、全従業員が、文化的背景はさまざまであっても、同じeメールのスタイルでコミュニケーションをすることになる。

　もちろん究極的には、**グローバルな仕事でもローカルな仕事でも、短いeメールのほうがよい。ボイスメールのメッセージも同じだ。**どの国の人でも、大半のビジネスパーソンは、長いメールやボイスメールをわずらわしく思っている。短いeメールの返信例を見てみよう。「メッセージをありがとうございました。『**本件**』**についてご質問をいただきました。この件について私見を述べます**」

　意見を述べるときは、箇条書きを使おう。どんな場合でも、だらだら説明するよりも短い時間で済み、効率的である。書き手や読み手が英語のネイティブでない場合は特にそうだ。英語のノンネイティブの多くは、メールでだらだら書かれると、読むのに長い時間がかかってうんざりする。

長い説明が必要なら、次のeメールに書いたり、次のeメールの添付ファイルにしよう。最初のeメールは、短くなければならない。同僚に、メッセージを受け取ったということを知らせるだけにしよう。それから、会話のように短いeメールをやりとりすればいい。

long explanations? Or just short bullet points? Having a standard means everyone is on the same page. It means all employees are communicating in the same email style—even if they come from different cultures.

Ultimately, of course, **short emails are better whether you are operating globally or locally. The same goes for voicemail messages.** Most business people, wherever they are from, find long emails and voicemails to be troublesome. Here is an example of a short email reply: "**Thank you for your message. You've asked a question about [this subject]. I have a couple of thoughts about it.**"

Use bullet points to express your thoughts. This is always quicker and more efficient than a long explanation, especially if the writer and/or the recipient are not native speakers of English. For many non-native speakers of English, long narratives in email are dispiriting, because they take so long to read.

If a long explanation is necessary, put it in your next email or make it an attachment to your next email. Your first email should be short—just to let your business colleague know that you received his or her message. Then you can send short emails back and forth, like a conversation.

ファックスやボイスメールでも同じことである。これらのメッセージはすべて、できるかぎり簡潔で短いものにしよう。そのほうが、同僚ははるかに喜ぶだろう。

　eメールのコミュニケーションについて、要点をもう一つ。**eメールは、すぐに返信する必要がある**。欧米人はよく、日本人がeメールにすぐ返信しないことを不満に思っている。時には、数日、一週間も返事が来ないが、これは欧米人の感覚では、効率的でもないし、礼儀にもかなっていない。

　日本人の感覚では、すぐに返事をしないのには意味がある。eメールに書かれている質問が無意味なものだったかもしれないし、質問の背景がクリアではなかったのかもしれない。あるいは、質問に答えるための情報が手元に十分ないのかもしれない。残念ながら、こういったことは返信の遅れに対する十分な理由にはならない。いずれにせよ、欧米の同僚たちが、あなたが返信しない理由を想像してくれるとは期待できない。

　結論から言うと、**質問の意味がわからない、あるいはすぐに答えられない場合には、ただちに返信して、質問が理解できなかったことや、すぐに質問に回答できない旨を、同僚に知らせる必要がある**。

　3～4日も待ってはいけない。たとえば、（2回目は意味のわかる質問をしてくれるだろうと期待して）同僚がもう一度質問するのを待つのは逆効果である。わからなければ、その旨を直ちに伝

The same goes for faxes and voicemails. Keep all of these messages to the point, as short as possible. If you do this, your business colleagues will be much happier.

Here's another key point about **email communication: You need to reply quickly**. Westerners often complain that Japanese do not reply quickly to their emails. Sometimes, a few days or even a week can go by without a reply. From a Western perspective, this is neither efficient nor courteous.

From the Japanese perspective, there is likely a reason for not replying right away. Maybe the question in the email didn't make sense. Perhaps the context of your question was not clear. Or maybe there is not enough information at hand to answer the question. Unfortunately, these reasons are insufficient. In any case, you can't expect your Western colleagues to anticipate your reasons.

As a result, **even if you do not understand the question or are unable to respond at that moment, you need to reply immediately to let your colleague know that you didn't understand the question or why you can't answer the question right away**.

Don't wait three or four days. Waiting, for example, for your colleague to ask the question again (and hope it makes sense the second time) is counterproductive. If you

えなければならない。そう言っても失礼にはあたらないし、むしろ、礼儀にかなったことだ。すぐに返信しないほうが失礼である。

では、どう書けばいいだろうか。まず、メッセージをくれた同僚に感謝し、それから、質問に対応しよう。たとえば、「『**この質問**』**を頂きましたが、ご質問の背景がよくわかりかねます。背景をご説明いただいたほうが、ご質問に対してよくお答えできると思います**」

すぐに、こう返信しよう。

eメールは、簡単なコミュニケーション・ツールのように思われているし、実際に簡単である。しかし、適切な使い方をしなければ、ビジネスの有効性を大きく妨げてしまいかねない。eメールでやりとりをしている2人の間で、電子メールの体裁や返信すべき時期についての期待が異なっていると、トラブルのもとになる。**トラブルを避けるためには、すべての人が同じひな形を使い、同じ期待を持つことができるような基準を設けることが重要である。**

don't understand, say so immediately. It is not impolite to do that. In fact, it is the polite thing to do. The impolite thing is to not reply quickly.

So what should you write? First, thank your colleague for the message. Then, address the question. You can write, for example: "**You've asked [this question]. I'm not sure what the context is of your question. If you could explain the context, I should be better able to answer the question.**"

Do this immediately.

Email seems like an easy way to communicate, and it is. But, if not used appropriately, it can actually cause problems that can hinder your business effectiveness. Problems happen when two email correspondents have different expectations about what an email should look like and/or when to reply. **To eliminate these problems, it is important to set standards so everyone can be on the same page with the same expectations.**

グローバルビジネス・Tips #13-1

- ✅ 「グローバルに考えて行動する」とは、世界中で、関連会社一社や二社のことだけを考えればナンセンスであっても、関連会社を含むあなたの会社全体について考えれば最も合理的となるような場所から原材料を調達するようなこと。

- ✅ 真にグローバルになるとは、あなたの会社が存在する場所であれば世界中どこに行っても、同じ会社のITシステム、あるいは同じ会社の業務規則やポリシーに基づいて仕事ができるという意味。

☑ 世界中すべての場所で、同じITシステムを構築すれば、どこに行っても困らない。

☑ eメールを書くときに、ひな形を決める。

☑ グローバルな仕事でもローカルな仕事でも、短いeメールのほうがよい。ボイスメールのメッセージも同じだ。

☑ 意見を述べるときは、箇条書きを使う。

グローバルビジネス・Tips #13-2

☑ 長い説明が必要なら、次の e メールに書いたり、次の e メールの添付ファイルにする。
e メールは、すぐに返信する必要がある。

→ 質問の意味がわからない、あるいはすぐに答えられない場合には、ただちに返信して、質問が理解できなかったことや、すぐに質問に回答できない旨を知らせる必要がある。

✓ トラブルを避けるためには、すべての人が同じひな形を使い、同じ期待を持つことができるような基準を設けることが重要。

14 グローバル・コミュニティに加わる

欧米最大級の企業について考えてみよう。その会社の社長はどういった人かを想像してもらいたい。アメリカの企業では、社長はアメリカ人かもしれないし、イタリア人、イギリス人、イラン人かもしれない。言いかえれば、欧米企業には、トップレベルであってもかなりの多様性がある。ヨーロッパでは、たとえ本社がローマにあっても、社長はオランダ人ということもある。

しかし、日本の企業の社長が日本人ではない例はまれである。また、海外の企業において日本人が社長になるのもまれである。実際、一例たりとも思い浮かばない。

北米やヨーロッパでは常識となっている方法で、日本人がグローバル社会の参加者となることを妨げているのは何だろうか。

ここ60～70年で、日本は大きく変わった。私は赤ん坊のころ日本に住んでいたが、長年にわたり、こういった変化の多くを目の当たりにしてきた。しかし、日本人のコミュニケーションスタイルのように、ほとんど変わらないものもある。今でも、**口にすることと、本当に思っていることとの間には大きな違いがあるように感じる。**この種の基本的な行動パターンの違いが、グローバ

Joining the Global Community

Think about some of the biggest Western companies. Think about who their presidents are. In American companies, the president could be American, Italian, English, Iranian. In other words, there is considerable diversity in Western companies, even at the top level. In Europe, for example, the president could be Dutch, even though the company headquarters might be in Rome.

However, it is unusual for a Japanese company to have a president who isn't Japanese. And it is equally unusual for an international company to have a Japanese president. In fact, I cannot think of a single example.

What is holding the Japanese back from being global participants in the way that is normal in North America and Europe?

Much has changed in Japan in the last 60 or 70 years. I was living in Japan when I was a baby and, over the years, have seen a lot of those changes. But some things have hardly changed, like the Japanese communication style. **There is still a great difference, I feel, in what people say and what they really mean.** This kind of fundamental

ルな状況で日本人の足かせとなる大きな要素であるかもしれない。少なくとも、日本人がビジネスの会議ですぐに発言をして自分の意見を述べない重要な理由になっているのは確かだ。

　また、日本には、ある物事を行うには特定のやり方があるという強い信念がある。**日本人は、さらに効率が上がることがわかったとしても、独自の方法や新種の方法を編み出すことなく、その特定のやり方に従う傾向がある。**

　だから、日本が一見近代的に見えるとしても、多くの点で旧習を引きずっているようにも見えるだろう。

　多くの日本人は、より「グローバル」になることは、実はより「アメリカ的」になることを意味しているのではないかと懸念している。少なくともある面では、彼らの言っていることは正しいだろう。しかし、特にデジタル時代になって、ビジネス・プロセスも含めたイノベーションが盛んに行われているが、これは実はアメリカで始まったものであることを忘れてはならない。

　アメリカ人がすべての人よりも賢い、というわけではない。**アメリカのビジネス文化が、リスクを負ってイノベーションを実現することを奨励しているのである。**この点で日本にブレーキをかけているものは、長年にわたり存在し、盲目的にといえるほど従い続けてきた、お決まりの業務プロセスにある。このプロセスは、

behavioral difference may well be one important factor that might be holding Japanese people back in a global setting. It's certainly at least one key reason why Japanese are not quick to speak up in business meetings and give their opinions.

There is also in Japan a strong belief that there is one particular way of doing certain things. And **Japanese tend to follow that way, rather than creating their own way or a some kind of new way—even if it would prove to be more efficient.**

So even though Japan looks modern, it still would appear to be very traditional in many ways.

Many Japanese complain that being more "global" really means being more "American." They might well be right about that, at least in part. But the preponderance of innovations involving business processes, especially in the digital era, has in fact emerged in the U.S.

It's not that Americans are smarter than everybody. **It's that American business culture encourages risk-taking and innovation.** What slows Japan down in that regard can be seen in the set processes that have been in place and almost blindly followed for many, many years. Those

物事を行う方法だけでなく、考え方も含んでいる。このような決まったやり方が、イノベーションを妨げることがある。

　加えて、**多くの日本人は「ここで発明されたものでないから、採用したがらない（NIH）」というメンタリティを持っているといっても過言ではない。**NIHとは、日本でデザイン、製造されたものは、他で作っているものよりも優れている、という考え方である。したがって多くの日本人は、新しい考えが日本で生み出されたものでないのであれば、それはおそらく採用する価値のないもの、少なくとも、メイド・イン・ジャパンのお決まりの行動パターンほどは役に立たないだろう、と固く信じている。

　誰もが、日本人はモノづくりが上手だということに異論はない。日本の高水準の製品づくりは世界中でよく知られている。日本人は、たとえば車やカメラなどの製品を作る上では、世界一と言えるだろう。しかし、他の国の人々も相応の経験があり、まちがいなくイノベーティブな考え方を持っている。彼らもまた、ある種の製品を実にすばらしく作ることができるのである。

　私は、日本人がグローバルなコミュニティに加わって、考え方や人材そのものを、世界と交換していく姿を見たいと願っている。**より多くの日本人が、海外における非日系の多国籍企業で、重役、さらにはCEOとして働いていく、あるいは、日本国内の日**

processes include not only ways of doing things but also ways of thinking. Such set procedures can hold back innovation.

In addition, **it is not too much to say that many Japanese have a "not invented here" mentality**—meaning that anything designed and made in Japan is better than something made anywhere else. Accordingly, many Japanese are convinced, if a new idea were not made in Japan, it is probably not worth adopting or, at least, would not ultimately work as well as the made-in-Japan, set way of doing something.

Everybody agrees that Japanese are good at making things (*monozukuri*). The high level of Japanese manufacturing is well known around the world. Japan may well be the best at making products, like cars or cameras, for example. However, people in other countries also have considerable experience and, without question, many innovative ideas, and they, too, are able to make certain products very well.

I would like to see Japan join the global community and to share ideas and people with it. **It's definitely time for more Japanese to be working as executives, even CEOs, in non-Japanese multi-national companies**

本企業で、日本人以外の人が重役、さらにはCEOとして働いていく時期であることはまちがいない。日本にとっても他の国にとってもよいことであると、私は強く信じている。この現象が始まりだせば、日本人はついに、グローバルなコミュニティの本当の一員となれるのではないかと思う。

しかし最近、私は日本に対して深く心配していることがある。

日本人は内向きになっているのだ。1950年以降、現在ほど日本人の留学生が減少した時期はない。これは、よりグローバルな国になるという日本の前途を考えたとき、幸先がいいとは言えない。しかし、この状況は変わっていくと私は考えているし、願っている。

現在は、日本にとって大きな変化の時代であると私は思っており、これから何が起きるか、胸が踊る。

日本人が、世界の国々のコミュニティの中の一つの国であると信じている。そんな姿を見てみたいと思う。もし日本人がそんな感覚を持つことができれば、日本人はそのグローバルなコミュニティに参加することができるだろう。グローバルなコミュニティのアクティブなメンバーにもなることができる。こうなれば、すばらしいことだし、日本人がグローバルな思考をする上でも役に立つ。この感覚があれば、日本人が自分たちのことを、日本よりも大きな存在の一部であると考える助けになるはずだ。

outside Japan and for more non-Japanese to become executives, even CEOs, in Japanese companies in Japan. I am convinced that this would be good for Japan and for other countries. It would be good for multi-national companies and for the global community. When this starts to happen, I think, Japanese will finally become real members of the global community.

Still, lately I have a profound concern about Japan.

The Japanese people have turned inward. There are fewer Japanese studying abroad now than any time since 1950. This does not augur well for Japan's prospects of becoming a more global country. But I think, I hope, that will change.

I see the current era as one of big change for Japan. And I'm excited about what is to come.

This is what I would like to see: Japanese feeling that they are one nation in a community of nations. If they could feel that, then they could participate in that community. They could be active members of the global community. That would be wonderful and would help Japanese think more globally. I think it would help Japanese see themselves as part of something larger than Japan.

グローバルビジネス・Tips #14

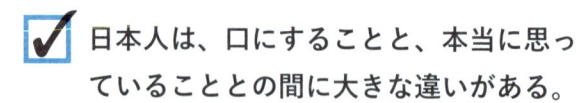

☑ 日本人は、口にすることと、本当に思っていることとの間に大きな違いがある。

→ グローバルな状況で日本人の足かせとなる大きな要素。

☑ 日本人は、さらに効率が上がることがわかったとしても、独自の方法や新種の方法を編み出すことなく、その特定のやり方に従う傾向がある。

☑ アメリカのビジネス文化は、リスクを負ってイノベーションを実現することを奨励している。

☑ 多くの日本人は「ここで発明されたものでないから、採用したがらない(NIH)」というメンタリティを持っている。

☑ より多くの日本人が、海外における非日系の多国籍企業で、重役、さらにはCEOとして働いていく、あるいは、日本国内の日本企業で、日本人以外の人が重役、さらにはCEOとして働いていく時期であることはまちがいない。

日本人がグローバルビジネスで成功するためのヒント

2014年11月7日　第1刷発行

著　者　　ジョン・ギレスピー
発行者　　浦　晋亮
発行所　　IBC パブリッシング株式会社
　　　　　〒162-0804 東京都新宿区中里町29番3号 菱秀神楽坂ビル9F
　　　　　Tel. 03-3513-4511　Fax. 03-3513-4512
　　　　　www.ibcpub.co.jp

印刷所　　株式会社シナノパブリッシングプレス

© John Gilespie 2014
© IBC Publishing, Inc. 2014
Printed in Japan

落丁本・乱丁本は、小社宛にお送りください。送料小社負担にてお取り替えいたします。
本書の無断複写 (コピー) は著作権法上での例外を除き禁じられています。

ISBN978-4-7946-0310-4